AF275211

Disfrute gratuitamente **DURANTE UN AÑO** de los eBook y audiolibros de las obras de Editorial Colex*

⊘ Acceda a la página web de la editorial **www.colex.es**

⊘ Identifíquese con su usuario y contraseña. En caso de no disponer de una cuenta regístrese.

⊘ Acceda en el menú de usuario a la pestaña «Mis códigos» e introduzca el que aparece a continuación:

RASCAR PARA VISUALIZAR EL CÓDIGO

⊘ Una vez se valide el código, aparecerá una ventana de confirmación y su eBook y/o audiolibro estará disponible **durante 1 año desde su activación** en la pestaña «Mis libros» en el menú de usuario.

> * Los audiolibros están disponibles en las ediciones más recientes de nuestras obras. Se excluyen expresamente las colecciones «Códigos comentados», «Biblioteca digital» y los productos de www.vademecumlegal.es.

No se admitirá la devolución si el código promocional ha sido manipulado y/o utilizado.

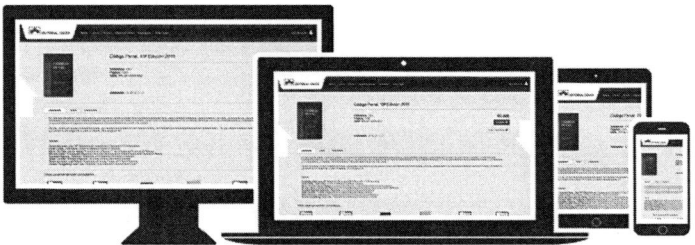

¡Gracias por confiar en nosotros!

La obra que acaba de adquirir incluye de forma gratuita la versión electrónica. Acceda a nuestra página web para aprovechar todas las funcionalidades de las que dispone en nuestro lector.

Funcionalidades eBook

Acceso desde cualquier dispositivo con conexión a internet

Idéntica visualización a la edición de papel

Navegación intuitiva

Tamaño del texto adaptable

Síguenos en:

DIVORCIO:
¿BIEN PRIVATIVO O GANANCIAL?

Aspectos prácticos de la determinación del
carácter privativo o ganancial de los bienes en la
liquidación del régimen económico matrimonial

DIVORCIO: ¿BIEN PRIVATIVO O GANANCIAL?

Aspectos prácticos de la determinación del carácter privativo o ganancial de los bienes en la liquidación del régimen económico matrimonial

2.ª EDICIÓN 2025

Obra realizada por el Departamento de Documentación de Iberley

COLEX 2025

© Editorial Colex, S.L.
Calle Costa Rica, número 5, 3.º B (local comercial)
A Coruña, 15004, A Coruña (Galicia)
info@colex.es
www.colex.es

I.S.B.N.: 978-84-1194-857-9
Depósito legal: C 51-2025

SUMARIO

ANEXO. FORMULARIOS

1.
EL DIVORCIO

¿Qué es el divorcio?

El artículo 85 del Código Civil señala las causas de disolución del matrimonio, entre ellas, además de la muerte o declaración de fallecimiento de uno de los cónyuges, se encuentra el divorcio.

En este sentido, el **divorcio** supone, por tanto, la disolución del vínculo matrimonial y la posibilidad de volver a contraer matrimonio en el orden civil. Implica la extinción del régimen de los derechos y obligaciones que se generan en el momento del matrimonio, a excepción (por cuanto en nuestro ordenamiento no existe diferencia alguna entre los hijos matrimoniales y los extramatrimoniales) de las relativas a los hijos de ambos cónyuges.

La presente materia ha sufrido cambios sustanciales en los últimos años. Así, por medio de la **Ley 15/2005, de 8 de julio**, se procedió a modificar el Código Civil y la LEC, eliminándose como requisitos para el divorcio el cumplimiento de las causas legales existentes hasta el momento y **se permitió que se pudiese solicitar el divorcio a los tres meses de la celebración del matrimonio** sin necesidad de separarse previamente ni de alegar causa alguna (de ahí la denominación popular de «divorcio exprés»).

Asimismo, la Ley 15/2015, de 2 de julio, de Jurisdicción Voluntaria, modifica el Código Civil en lo relativo a esta materia, introduciendo cambios que afectan a la regulación de la separación o divorcio de mutuo acuerdo de los cónyuges sin hijos menores de edad fuera del ámbito judicial, y atribuyendo al letrado de la Administración de Justicia y al notario, las funciones que hasta este momento correspondían al juez.

Pueden diferenciarse dos formas de inicio en el proceso de divorcio, en atención al grado de acuerdo existente entre los cónyuges, así cabe hablar del divorcio de mutuo acuerdo y del divorcio contencioso.

‖ Divorcio de mutuo acuerdo

Con carácter general, los cónyuges podrán acordar su divorcio de mutuo acuerdo mediante la **formulación de un convenio regulador ante el LAJ o en escritura pública ante notario** (art. 87 del CC).

CUESTIÓN

¿Cuál es el contenido del convenio regulador?

El mismo deberá expresar la voluntad inequívoca de separarse y además determinar las medidas que hayan de regular los efectos derivados del divorcio en los términos del artículo 90 del CC.

¿Qué requisitos y circunstancias han de concurrir? Se remite el artículo 87 del CC a los requisitos y circunstancias previstos para la separación de mutuo acuerdo en el artículo 82 del CC, y se concretan en los siguientes:

– Que hayan transcurrido **3 meses desde la celebración del matrimonio.**

– Que se formule **convenio regulador ante el LAJ o en escritura pública ante notario.**

– Los cónyuges deberán **intervenir personalmente en el otorgamiento**, sin perjuicio de la asistencia letrada, prestando su consentimiento ante el LAJ o el notario.

– En caso de que existan **hijos mayores o menores emancipados** deberán estos otorgar su **consentimiento** ante el LAJ o el notario en relación con las medidas que les afecten por carecer de ingresos propios y convivir en el domicilio familiar.

Lo anterior no será de aplicación en los casos en que existan hijos menores no emancipados o hijos mayores respecto de los que se hayan establecido judicialmente medidas de apoyo atribuidas a sus progenitores. Pero **¿esto significa que en estos casos los cónyuges no pueden pedir su divorcio de mutuo acuerdo? No**, pero en este supuesto el divorcio **ha de decretarse judicialmente** como se infiere del artículo 86 del CC en consonancia con el artículo 81 del CC.

Entonces, existiendo hijos menores no emancipados o hijos mayores respecto de los que se hayan establecido judicialmente medidas de apoyo atribuidas a sus progenitores el divorcio se decretará judicialmente **a petición de ambos cónyuges o de uno con el consentimiento del otro, una vez hayan transcurrido 3 meses desde la celebración del matrimonio.** La demanda deberá acompañarse de una **propuesta de convenio regulador** redactada conforme al artículo 90 del CC.

A TENER EN CUENTA. El artículo 777 de la Ley de Enjuiciamiento Civil (en adelante, LEC) regula el procedimiento relativo a la separación o divorcio solicitados de mutuo acuerdo o por uno de los cónyuges con el consentimiento del otro.

‖ Divorcio contencioso

Este tipo de divorcio es el que tiene lugar a petición de uno solo de los cónyuges o, cuando pidiéndolo los dos no hay acuerdo sobre el contenido del convenio regulador. El mismo se decretará judicialmente ajustándose el procedimiento a lo previsto en el artículo 770 de la LEC.

Es necesario que hayan transcurrido al menos 3 meses desde la celebración del matrimonio y que la parte conyugal que interponga la demanda la acompañe de una petición de las medidas que han de regular los efectos del divorcio (art. 86 del CC).

CUESTIÓN

¿La sentencia de divorcio debe siempre aceptar las medidas tomadas en la anterior separación judicial, o bien pueden producirse efectos distintos cuando las circunstancias han cambiado o sean inútiles las anteriores medidas acordadas en el proceso de separación?

Como regla general, los efectos de la separación se consolidan con el divorcio, si bien, no siempre debe de ser así, porque el divorcio es una situación nueva que puede dar lugar a unos efectos distintos a la separación derivados de su propia naturaleza extintiva del matrimonio, de acuerdo con el artículo 86 del Código Civil. El divorcio es distinto de la separación y por ello pueden replantearse todas las medidas tomadas en un inicio en el procedimiento de separación, en este sentido se pronuncia la **sentencia del Tribunal Supremo n.º 825/2011, de 23 de noviembre, ECLI:ES:TS:2011:7666.**

Acción de divorcio

|| ¿Cuándo se extingue la acción de divorcio?

Existen dos causas que extinguen la acción de divorcio (artículo 88 del Código Civil):

– La **muerte** de cualquiera de los cónyuges (o la declaración de fallecimiento) hará que se extinga la acción sea cual fuere la fase procesal en la que se halle el procedimiento.

– La **reconciliación** que deberá ser expresa cuando se produzca después de interpuesta la demanda. La reconciliación posterior al divorcio no produce efectos legales, si bien, los divorciados podrán contraer nuevo matrimonio.

|| Legitimación para ejercitar la acción de divorcio

En cuanto a la **legitimación**, se considera que ostentan legitimación activa para interponer la acción del divorcio, conforme a lo establecido en el artículo 86 del Código Civil, los dos cónyuges. Se decretará judicialmente el divorcio, cualquiera que sea la forma de celebración del matrimonio, a petición de uno solo de los cónyuges, de ambos o de uno con el consentimiento del otro, cuando concurran los requisitos y circunstancias exigidos en el artículo 81 del Código Civil.

¿Desde qué momento se producirán los efectos derivados del divorcio?

Conforme al artículo 89 del Código Civil, los efectos de la disolución del matrimonio por divorcio se producirán desde que adquiera firmeza la sentencia o el decreto que así lo declare, o desde la manifestación del consentimiento de ambos cónyuges otorgado en escritura pública conforme a lo dispuesto en el ya mencionado artículo 87 del Código Civil.

El divorcio no perjudicará a terceros de buena fe sino a partir de su respectiva inscripción en el Registro Civil.

Entre los efectos que derivan del divorcio cabe destacar los siguientes: la disolución del matrimonio, la disolución del régimen económico matrimonial, la recuperación por las partes de la opción de poder volver a celebrar un nuevo matrimonio y la desaparición de la presunción de paternidad en los términos del artículo 116 del CC, el cual establece:

> «Se presumen hijos del marido los nacidos después de la celebración del matrimonio y antes de los trescientos días siguientes a su disolución o a la separación legal o de hecho de los cónyuges».

¿Qué normas se aplican al establecimiento de medidas paternofiliales?

Por medidas paternofiliales entendemos aquellas que regulan las relaciones de los progenitores con sus hijos, y pueden darse tanto en aquellos supuestos en los que no existió matrimonio, como en los que el mismo finalizó con una separación o un divorcio.

Estas medidas pueden ser **establecidas en su caso por los progenitores de mutuo acuerdo** a través de un convenio regulador, o bien **impuestas por un juez** en una resolución judicial.

La Ley de Enjuiciamiento Civil en su art. 748 recoge que las disposiciones del título I, del libro IV, referido a los procesos sobre provisión de medidas judiciales de apoyo a las personas con discapacidad, filiación, matrimonio y menores, serán aplicables, entre otros a:

– Los procesos de nulidad del matrimonio, separación y divorcio y los de modificación de medidas adoptadas en ellos.

– Los procesos que versen exclusivamente sobre guarda y custodia de hijos menores o sobre alimentos reclamados por un progenitor contra el otro en nombre de los hijos menores.

Es decir, a la hora de regular las medidas paternofiliales se acudirá a las mismas normas, independientemente de que los progenitores hubiesen o no contraído matrimonio, con las especificidades que para cada caso se recogen en el capítulo IV, del mentado título, referido a los procesos matrimoniales y de menores.

Conviene destacar el art. 770 de la LEC, que regula el procedimiento en los casos de separación y divorcio, estableciendo en su regla sexta que:

> «En los procesos que versen exclusivamente sobre guarda y custodia de hijos menores o sobre alimentos reclamados en nombre de los hijos menores, para la adopción de las medidas cautelares que sean adecuadas

a dichos procesos se seguirán los trámites establecidos en esta Ley para la adopción de medidas previas, simultáneas o definitivas en los procesos de nulidad, separación o divorcio».

CUESTIÓN

¿Qué debe contener el convenio regulador en el que se establecen unas medidas paternofiliales?

El art. 90.1 del Código Civil dispone que el convenio regulador deberá contener los siguientes extremos:

«a) El cuidado de los hijos sujetos a la patria potestad de ambos, el ejercicio de ésta y, en su caso, el régimen de comunicación y estancia de los hijos con el progenitor que no viva habitualmente con ellos.

b) Si se considera necesario, el régimen de visitas y comunicación de los nietos con sus abuelos, teniendo en cuenta, siempre, el interés de aquéllos.

b) bis. El destino de los animales de compañía, en caso de que existan, teniendo en cuenta el interés de los miembros de la familia y el bienestar del animal; el reparto de los tiempos de convivencia y cuidado si fuere necesario, así como las cargas asociadas al cuidado del animal.

c) La atribución del uso de la vivienda y ajuar familiar.

d) La contribución a las cargas del matrimonio y alimentos, así como sus bases de actualización y garantías en su caso.

e) La liquidación, cuando proceda, del régimen económico del matrimonio.

f) La pensión que conforme al artículo 97 correspondiere satisfacer, en su caso, a uno de los cónyuges».

2.
LA PROPIEDAD DE LOS BIENES EN LOS REGÍMENES MATRIMONIALES

El artículo 1315 del CC establece que el régimen económico matrimonial será el estipulado por los cónyuges en capitulaciones matrimoniales, pero **¿qué opciones existen en el Código Civil al respecto?** Pues bien, el CC en su regulación hace referencia a tres regímenes matrimoniales:

- El régimen de **sociedad de gananciales** (arts. 1344 a 1410 del CC), entendido como aquel en que se hacen **comunes para los cónyuges las ganancias o beneficios obtenidos indistintamente por cualquiera de ellos**, los cuales les serán atribuidos por mitad al disolverse aquella.

- El régimen de **separación de bienes** (arts. 1435 a 1444 del CC), que sería aquel en que **cada uno de los cónyuges es dueño de su patrimonio personal**, tanto de lo que tuviera al inicio del matrimonio como lo que adquiera durante el mismo por cualquier título. Asimismo, cada uno tendrá la administración, goce y libre disposición de sus bienes.

- El régimen de **participación** (arts. 1411 a 1434 del CC), en el cual cada uno de los cónyuges adquiere **derecho a participar en las ganancias obtenidas por su consorte durante el tiempo de vigencia del régimen**. En este caso también corresponde a cada cónyuge la administración, el disfrute y la libre disposición tanto de los bienes que le pertenecían en el momento de contraer matrimonio como de los que pueda adquirir después por cualquier título.

Pues bien, de los anteriores el **régimen de sociedad de gananciales actúa como régimen supletorio**. En este sentido establece el artículo 1316 del CC:

«A falta de capitulaciones o cuando éstas sean ineficaces, el régimen será el de la sociedad de gananciales».

La propiedad de los bienes en un matrimonio

En consonancia con lo anterior y a los efectos de determinar en cada régimen a quién pertenece la propiedad de los bienes que entran en juego dentro de un matrimonio, cabe distinguir **entre los bienes gananciales y los bienes**

privativos. Esta distinción opera en el ámbito de la sociedad de gananciales, toda vez que en los regímenes de participación y separación los bienes existentes serán privativos. Esto último se entiende sin perjuicio de la existencia **de bienes que pertenezcan** *pro indiviso* **a los dos cónyuges** en que cada uno tendrá la cuota que corresponda y que, por tanto, no son equivalentes a los bienes gananciales, como se verá al tratar el concepto de estos últimos.

A TENER EN CUENTA. En relación con lo anterior destacan los artículos 1414 y 1438 del CC.

CUESTIÓN

¿Qué supone que un bien pertenezca *pro indiviso* **a ambos cónyuges?**

Supone que el bien pertenece a ambos cónyuges, teniendo cada uno de ellos derecho de propiedad solo sobre la parte que le corresponda en ese bien, que será una cuota abstracta del mismo, esto es, un porcentaje concreto de la propiedad del bien o derecho.

2.1. Bienes gananciales

Se entiende por **bienes gananciales** al conjunto de **bienes y derechos** que, en virtud de la celebración del matrimonio, y a falta de pacto expreso por el que los cónyuges decidan regular sus relaciones patrimoniales a través de régimen distinto, o en aquellos casos en los que posteriormente se pacte a través de capitulaciones, **se integran en la masa patrimonial común de la sociedad** conformada por ellos y denominada como comunidad de gananciales.

La característica más elemental de este patrimonio común consistirá en el régimen de administración que de ellos podrán llevar a cabo los cónyuges (artículos 1375 y siguientes del CC), toda vez que, en la sociedad de gananciales, puesto que no surge una nueva persona jurídica, **ambos cónyuges serán titulares comunes de estos bienes denominados como «bienes gananciales», pero sin que estos les pertenezcan** *pro indiviso*. Esto es, los cónyuges serán propietarios de cada cosa, de modo que el derecho de uno y otro, unidos, forman un derecho total, pero sin que sean titulares de cuotas concretas de cada bien y que, hasta que no se liquide la sociedad, no podrán disponer sobre mitades indivisas de los bienes gananciales. En consecuencia, su administración y disposición debe regirse por las precisas estipulaciones contempladas para la administración de la sociedad de gananciales.

La regla general para dicha administración se recoge en el **artículo 1375 del CC** conforme al cual:

«En defecto de pacto en capitulaciones, la gestión y disposiciones de los bienes gananciales corresponde **conjuntamente a los cónyuges**, sin perjuicio de lo que se determina en los artículos siguientes».

¿Cómo se determina el carácter ganancial de un bien?

En nuestro ordenamiento jurídico se hace de diversas formas, cuales son:

- La presunción del carácter ganancial.
- Por prescripción legal.
- La atribución por los cónyuges del carácter ganancial en el momento de la adquisición.

‖ Presunción del carácter ganancial

El artículo 1361 del CC contempla la presunción *iuris tantum* de que los bienes matrimoniales son gananciales mientras no se pruebe lo contrario por quien alegue que no lo son. Así, por ejemplo, ante un supuesto de adquisición de un bien constante la vigencia de la sociedad de gananciales, aun cuando no haya constancia de la procedencia del dinero empleado en la compra de dicho bien, regirá la presunción de ganancialidad establecida, siempre que el bien de que se trate no tenga atribuido carácter ganancial o privativo por imperativo legal.

> **CUESTIONES**
>
> **1. Dos personas casadas en régimen de sociedad de gananciales adquieren un bien sin que conste la procedencia del dinero. ¿En este caso entraría en juego la presunción de ganancialidad?**
>
> Sí, aun no constando la procedencia del dinero empleado en la adquisición, se trataría de un bien ganancial en aplicación de la presunción del artículo 1361 del CC, y ello, entre tanto, no se pruebe el carácter privativo del bien.
>
> **2. En el caso anterior, si consta que la adquisición del bien se hace con el caudal común de los cónyuges, ¿el carácter ganancial del mismo deriva también de la citada presunción de ganancialidad?**
>
> No, en este caso no entraría en juego la presunción toda vez que existe una norma expresa que atribuye carácter ganancial a los bienes adquiridos a costa del caudal común (art. 1347.3.º del CC). Por lo tanto, en este segundo supuesto no sería necesario dilucidar el carácter del bien a través de la presunción, pues no hay lugar a discusión en tanto le viene atribuido aquel por imperativo legal.

Asimismo, cabe advertir que, sobre la citada presunción, prevalecerán las estipulaciones que respecto a la naturaleza de los bienes hayan otorgado los cónyuges mediante pacto legalmente establecido al efecto, y ello, en aplicación del principio de la autonomía de la voluntad de los cónyuges amparado por lo dispuesto en el artículo 1323 del Código Civil, mediante el cual se establece la libre contratación entre cónyuges.

En este sentido resulta de interés la **sentencia del Tribunal Supremo n.º 572/2015, de 19 de octubre, ECLI:ES:TS:2015:4175**:

> «Por tanto, como repiten sentencias posteriores, los cónyuges en virtud de la autonomía que se les reconoce, pueden contratar entre sí fuera del convenio, siempre que estos pactos reúnan los requisitos para su validez (STS de 17 de octubre de 2007).

En fecha reciente de 24 de junio de 2015, Rc. 2392/2013, recogía la Sala referida doctrina, añadiendo que "en el profundo cambio del modelo social y matrimonial que se viene experimentando (artículo 3.1 del Código Civil) la sociedad demanda un sistema menos encorsetado y con mayor margen de autonomía dentro del derecho de familia, compatible con la libertad de pacto entre cónyuges que proclama el art. 1323 C. Civil, a través del cual debe potenciarse la facultad de autorregulación de los cónyuges (art. 1255C. Civil) (...)"».

Finalmente, **¿podrá destruirse la presunción de ganancialidad?** La doctrina jurisprudencial ha venido sosteniendo que para destruir la citada presunción es necesaria una prueba expresa, cumplida y fehaciente, no bastando la meramente indiciaria **(ATS, rec. 2045/2017, de 23 de octubre de 2019, ECLI:ES:TS:2019:10869A, y la STS n.º 1265/2002, de 26 de diciembre, ECLI:ES:TS:2002:8851).**

|| Bienes gananciales por prescripción legal

El Código Civil en su articulado contempla expresamente el carácter ganancial de determinados bienes y derechos. Sin perjuicio del estudio posterior de la diferente problemática que se pueda plantear, se infiere del artículo 1347 del CC que son gananciales:

– Los bienes y derechos obtenidos por el trabajo o la industria de cualquiera de los cónyuges.

– Los frutos, rentas o intereses que produzcan tanto los bienes privativos como los gananciales.

– Los bienes y derechos adquiridos a título oneroso a costa del caudal común.

– Bienes adquiridos por derecho de retracto de carácter ganancial.

– Empresas y establecimientos fundados durante la vigencia de la sociedad por uno de los cónyuges a expensas de los bienes comunes.

Asimismo, serán gananciales:

– Las cabezas de ganado que al disolverse la sociedad excedan del número aportado por cada uno de los cónyuges con carácter privativo (art. 1350 del CC).

– Las ganancias obtenidas por el juego o en otras causas que eximan de la restitución (art. 1351 del CC).

– Los bienes donados o dejados en testamento a los cónyuges conjuntamente y sin especial designación de partes (art. 1353 del CC).

– Bienes adquiridos mediante precio o contraprestación, en parte ganancial y en parte privativo (art. 1354 del CC).

– Bienes adquiridos por uno de los cónyuges a precio aplazado si el primer desembolso fuere ganancial (art. 1356 del CC).

– Edificaciones, plantaciones y mejoras realizadas en bienes gananciales (arts. 1359 y 1360 del CC).

‖ ¿Pueden los cónyuges atribuir carácter ganancial a un bien que por ley sería privativo?

Para dar respuesta a esta pregunta, cabe traer a colación el artículo 1355 del CC conforme al cual:

> «Podrán los cónyuges, de común acuerdo, atribuir la condición de gananciales a los bienes que adquieran a título oneroso durante el matrimonio, cualquiera que sea la procedencia del precio o contraprestación y la forma y plazos en que se satisfaga.
>
> Si la adquisición se hiciere en forma conjunta y sin atribución de cuotas, se presumirá su voluntad favorable al carácter ganancial de tales bienes».

La atribución de ganancialidad del artículo 1355 del CC exige el **mutuo acuerdo**, esto es, el consentimiento de ambos cónyuges, y el efecto jurídico de dicho consentimiento, que consiste en la integración inmediata del bien en el patrimonio ganancial —que, sin consentimiento, tendría carácter privativo—. El interesado en desvirtuar la presunción del párrafo segundo debe probar que en el momento de la adquisición no existía la voluntad de que el bien se integrase en el patrimonio ganancial.

CUESTIÓN

¿Qué sucede en aquellos casos en que la atribución del carácter ganancial no se hace de mutuo acuerdo sino por uno solo de los cónyuges?

Pues bien, en aquellos supuestos en los que nos encontremos ante un bien cuyo carácter ganancial devenga en virtud de la declaración del cónyuge adquiriente mediante la que estipula hacerlo a favor de la sociedad de gananciales, hay que tener presente la doctrina fijada por el Alto Tribunal en la **sentencia del Tribunal Supremo n.º 295/2019, de 27 de mayo, ECLI:ES:TS:2019:1591**, por la que podemos establecer de forma clara y expresa que, **cuando adquiere un bien uno solo de los cónyuges con su dinero privativo, aunque declare adquirir para la sociedad, es el no adquirente interesado en que se califique el bien como ganancial, quien debe probar la existencia de acuerdo**, toda vez que el carácter ganancial basado en la **confesión, será meramente presuntivo** y dicho cónyuge podrá probar, en un proceso judicial, el carácter privativo de los fondos, declarándose, consecuentemente, la naturaleza privativa del bien.

Por otro lado, en lo que respecta a los **efectos jurídicos de la prueba posterior que ponga de manifiesto el carácter privativo del dinero empleado para su adquisición**, cuando los cónyuges atribuyen de común acuerdo el carácter ganancial a bienes adquiridos con dinero privativo de uno de ellos (o con dinero en parte privativo y en parte ganancial), la prueba de que el dinero empleado para su adquisición tenía origen privativo de uno de los cónyuges **no determinará que este ostente carácter privativo, sino que dicho bien mantendrá, de igual modo, su naturaleza ganancial**. Sin embargo, sí permitirá que, a tenor de dicha prueba, **se pueda exigir el reintegro del dinero utilizado en su adquisición** a pesar de que no se hubiere hecho la reserva a la que hace alusión el artículo 1358 del Código Civil respecto del rembolso por el valor satisfecho. En este sentido la ya citada **sentencia del Tribunal Supremo n.º 295/2019, de 27 de mayo, ECLI:ES:TS:2019:1591**, señala:

«Frente a la atribución de gananciabilidad realizada de forma voluntaria por los cónyuges, la prueba posterior del carácter privativo del dinero invertido sería irrelevante a efectos de alterar la naturaleza del bien, que ha quedado fijada por la declaración de voluntad de los cónyuges.

d) Sin embargo, la prueba del carácter privativo del dinero (que, frente a la presunción de gananciabilidad del art. 1361CC, incumbe al que lo alegue) puede ser determinante del derecho de reembolso a favor del aportante (art. 1358CC).

Cabe observar que la misma existencia del reembolso hace razonable la exigencia del consentimiento de ambos cónyuges para la atribución de gananciabilidad a un bien que sería privativo, puesto que tal atribución hace nacer a favor de quien aportó los fondos un derecho de reembolso.

El derecho de reembolso procede, por aplicación del art. 1358CC, aunque no se hubiera hecho reserva alguna en el momento de la adquisición».

2.2. Bienes privativos

Constituido el régimen económico matrimonial de la sociedad de gananciales en virtud de la celebración de matrimonio o, en su caso, en virtud de pacto obrante en capitulaciones matrimoniales, el ordenamiento jurídico establece una distinción entre **bienes comunes y privativos**. Constituyen **bienes privativos aquellos que quedan fuera de la esfera de la comunidad de gananciales y que, en consecuencia, continuarán perteneciendo de forma exclusiva a uno de los cónyuges** sin que les sean aplicables las disposiciones legales previstas para la sociedad de gananciales, y respecto de los que el cónyuge no titular no tendrá autorización alguna en lo que se refiere a la intervención en la gestión y disposición estos, a no ser que el cónyuge titular le confiera algún poder.

Por lo tanto, se trata de bienes que pertenecen exclusivamente a un cónyuge, no se integran en la sociedad de gananciales, por lo que no entrarían en juego al tiempo de su liquidación, y respecto de ellos mantiene su titular la libre disposición, administración y goce de los mismos, sin perjuicio de la obligación de los cónyuges de atender las cargas del matrimonio.

¿Cómo se determina el carácter privativo de un bien?

El carácter privativo de un bien viene determinado de alguna de las formas siguientes:

– Por **prescripción legal**.

– Por **acuerdo de los cónyuges**.

– Por **confesión del otro cónyuge**.

|| Bienes privativos por prescripción legal

El Código Civil en su articulado contempla expresamente el carácter privativo de determinados bienes y derechos. Sin perjuicio del estudio posterior de la diferente problemática que se pueda plantear, se infiere del **artículo 1346 del CC** que son **privativos de cada cónyuge:**

- Los bienes, animales y derechos que le pertenecieran al comenzar la sociedad.
- Los que adquiera después por título gratuito.
- Los adquiridos a costa o en sustitución de bienes privativos.
- Los adquiridos por derecho de retracto perteneciente a uno solo de los cónyuges.
- Los bienes y derechos patrimoniales inherentes a la persona y los no transmisibles inter vivos.
- El resarcimiento por daños inferidos a la persona de uno de los cónyuges o a sus bienes privativos.
- Las ropas y objetos de uso personal que no sean de extraordinario valor.
- Los instrumentos necesarios para el ejercicio de la profesión u oficio, salvo cuando estos sean parte integrante o pertenencias de un establecimiento o explotación de carácter común.

Asimismo, **serán privativos:**

- Las sumas que se cobren en los plazos vencidos durante el matrimonio respecto de aquellas cantidades o créditos pagaderos en un cierto número de años que sean privativos (art. 1348 del CC).
- El derecho de usufructo o de pensión perteneciente a uno de los cónyuges será privativo de este (art. 1349 del CC).
- Las nuevas acciones u otros títulos o participaciones sociales suscritos como consecuencia de la titularidad de otros privativos, así como las cantidades obtenidas por la enajenación del derecho a suscribir (art. 1352 del CC).
- Los bienes donados o dejados en testamento a un cónyuge privativamente como se infiere a sensu contrario del artículo 1353 del CC.
- Los bienes adquiridos constante la sociedad por precio aplazado cuando el primer desembolso tuviere carácter privativo (art. 1356 del CC).
- Los bienes comprados a plazos por uno de los cónyuges antes del comienzo de la sociedad de gananciales aun cuando todo o parte del precio aplazado se satisfaga con dinero ganancial (excepto vivienda y ajuar familiares, art. 1354 del CC).
- Edificaciones, plantaciones y mejoras realizadas en bienes privativos (arts. 1359 y 1360 del CC).

|| Bienes privativos por acuerdo de los cónyuges

Dada la amplitud con que el artículo 1323 del Código Civil admite la **libertad de pactos y contratos entre los cónyuges**, es posible la existencia de acuerdos por los que se atribuya carácter privativo a aquellos bienes que ostentan carácter ganancial, toda vez que dicho precepto posibilita que los cónyuges puedan transmitirse por cualquier título bienes y derechos y celebren entre sí toda clase de contratos, sustituyendo con su voluntad la determinación legal de los bienes.

El Tribunal Supremo ha venido admitiendo la **libertad de conversión por mutuo acuerdo entre los cónyuges de un bien ganancial en un bien privativo** (entre otras, STS n.º 1151/1997, de 19 de diciembre, ECLI:ES:TS:1997:7874). Sin embargo, cabe advertir que este pacto de privacidad requiere, para su correcta admisibilidad, la causalización, tanto en los supuestos en los que el pacto de privacidad sea previo o simultáneo a su adquisición, como en aquellos en los que sea posterior. En este sentido, resulta de interés traer a colación la **resolución emitida por parte de la Dirección General de los Registros y el Notariado de 30 de julio de 2018** (en la actualidad, Dirección General de Seguridad Jurídica y Fe Pública) mediante la que se expone lo siguiente:

> «(...) En definitiva, la Resolución admite la validez del negocio de atribución de privatividad si consta su causa y el régimen jurídico al que queda sujeto el negocio. Por lo tanto, el pacto de privatividad siempre será admisible si bien será necesaria la causalización en todo caso, tanto en los supuestos en que sea previa o simultánea a la adquisición, como en los casos en que sea posterior, sin que ello signifique que haya que acudir a contratos de compraventa o donación entre cónyuges».

|| Bienes privativos por confesión del otro cónyuge

El artículo 1324 del CC establece un medio de prueba para destruir la presunción de gananciabilidad, en tanto para probar entre cónyuges qué determinados bienes son propios de uno de ellos bastará la confesión del otro. Sin embargo, tal confesión por sí sola no perjudicará a los herederos forzosos del confesante, ni a los acreedores, ya sean estos herederos o acreedores de la comunidad o herederos o acreedores de cada uno de los cónyuges.

> **CUESTIÓN**
>
> **¿Es posible que el cónyuge confesante impugne su propia confesión?**
>
> Sí, la confesión de privacidad no es un medio de prueba absoluto y, tal y como establece la **sentencia del Tribunal Supremo n.º 10/2020, de 15 de enero, ECLI:ES:TS:2020:26**, el Alto Tribunal ha venido reconociendo la posibilidad de que el confesante impugne su propia confesión, aunque ha exigido, para ello, prueba eficaz y contundente.

Partiendo de la presunción de gananciabilidad ya examinada, la jurisprudencia ha establecido los requisitos necesarios para que la confesión realizada por parte de un cónyuge acerca de que los bienes comprados por el otro constante matrimonio son privativos se considere válida y eficaz y con ella se desvirtúe aquella presunción. Entonces **¿cuáles serán esos requisitos?** A ello da respuesta la **sentencia del Tribunal Supremo n.º 1216/2006, de 29 de noviembre, ECLI:ES:TS:2006:7600**, que señala como tales:

- El autor de la confesión debe ser uno de los cónyuges.

- El confesante debe ser aquel a quien perjudique la confesión. Es decir, no puede confesar el carácter privativo de un bien aquel que, a consecuencia de dicho carácter, es el único titular del mismo.

- El confesante ha de ostentar capacidad de obrar y poder de disposición.

- La confesión se haya efectuado constante matrimonio.

Sin embargo, la prevalencia confesoria que establece el artículo 1324 del CC no es absoluta y cabe prueba en contrario.

3.
LIQUIDACIÓN DE LOS REGÍMENES MATRIMONIALES

De acuerdo con la RAE, la liquidación del régimen matrimonial es un procedimiento especial cuyo fin es dividir el haber partible entre los cónyuges, materializando así sobre bienes concretos el derecho que corresponde a cada cónyuge, sobre la totalidad del patrimonial común.

Ello exige valorar los bienes que forman parte del caudal común, precisar la cuota que corresponde a cada cónyuge, pagar las deudas comunes, así como las indemnizaciones y reintegros debidos a cada uno, y formar con los bienes restantes los lotes para su adjudicación a cada cónyuge.

Dentro del libro IV de la LEC, dedicado a los procesos especiales, el capítulo II del título II regula el procedimiento para la liquidación del régimen económico matrimonial (arts. 806 a 811 de la LEC), **pero comprendiendo en realidad dos procedimientos diferentes,** el de formación de inventario (arts. 808 y 809 de la LEC) y el de **liquidación en sentido estricto** (art. 810 de la LEC), con una variante más para el régimen de participación (art. 811 de la LEC).

Así, el artículo 806 de la LEC señala:

> «La liquidación de cualquier régimen económico matrimonial que, por capitulaciones matrimoniales o por disposición legal, determine la existencia de una masa común de bienes y derechos sujeta a determinadas cargas y obligaciones se llevará a cabo, en defecto de acuerdo entre los cónyuges, con arreglo a lo dispuesto en el presente capítulo y a las normas civiles que resulten aplicables».

La liquidación procederá una vez se haya disuelto la sociedad, y la misma comenzará por un inventario del activo y pasivo de la aquella (art. 1396 del CC).

Si bien, debemos **distinguir la liquidación del régimen económico matrimonial de gananciales del régimen económico matrimonial de separación de bienes.**

Las diferentes causas de disolución y liquidación de la sociedad de gananciales se encuentran recogidas en los artículos 1392 y 1393 del CC.

Cuando los cónyuges se rijan por un **régimen económico matrimonial de separación de bienes,** en principio no deberían producirse problemas de atribución de bienes, ya que los patrimonios están claramente fijados, aunque veremos más adelante que existen diversas problemáticas y conflictos a la hora de liquidar este régimen matrimonial, si bien, la mayoría de las discusiones se centrarán en los bienes que los cónyuges adquirieron en común.

En ambos tipos de regímenes matrimoniales la liquidación puede ser:

- Convencional.
- Judicial.

CUESTIONES

1. ¿Se puede pactar en documento privado la liquidación del régimen de separación de bienes?

Sí. Los cónyuges, en previsión de futuras situaciones de crisis matrimonial (separación o divorcio) y en ejercicio de su autonomía privada, de acuerdo con el artículo 1255 del CC, pueden celebrar convenios sobre cuestiones susceptibles de libre disposición, entre las que se encuentran las económicas y patrimoniales. Estos acuerdos son auténticos negocios jurídicos de derecho de familia, así lo señala la sentencia del Tribunal Supremo n.º 325/1997, de 22 de abril, ECLI:ES:TS:1997:2817.

2. ¿Se puede incorporar la propuesta de liquidación de sociedad de gananciales en el convenio regulador?

Sí. De acuerdo con el artículo 90.1 e) del CC, el convenio regulador podrá contener la liquidación del régimen económico matrimonial, cuando proceda.

3. ¿Para la liquidación del régimen económico matrimonial de gananciales es necesario que previamente haya una separación o divorcio?

No. Para la liquidación del régimen económico matrimonial de gananciales no es necesario que previamente haya una separación o divorcio, sino que los cónyuges quieran modificar su régimen económico matrimonial, de sociedad de gananciales a separación de bienes o participación, en su caso, y además de la referida modificación, deseen también liquidar la sociedad de gananciales.

¿Cuál será el procedimiento de liquidación del régimen económico matrimonial?

En cuanto a la **competencia** para conocer del procedimiento de liquidación del régimen económico matrimonial, de acuerdo con el **artículo 807 de la LEC**, «será competente para conocer del procedimiento de liquidación el **Juzgado de Primera Instancia o Juzgado de Violencia sobre la Mujer que esté conociendo, o haya conocido o hubiera tenido la competencia para conocer del proceso de nulidad, separación o divorcio,** o aquel ante el que se sigan o se hayan seguido las actuaciones sobre disolución del régimen económico matrimonial por alguna de las causas previstas en la legislación civil».

Pero ¿cuál será el siguiente paso a seguir una vez admitida la demanda de nulidad, separación o divorcio o iniciado el proceso de disolución del régimen económico matrimonial? Cualquiera de los cónyuges o sus herederos podrán solicitar la formación de inventario **que deberá acompañarse de una propuesta en la que, con la debida separación, se harán constar las diferentes partidas** que deban incluirse en el inventario con arreglo a la legislación civil, además la solicitud se acompañará de los documentos que justifiquen las diferentes partidas incluidas en la propuesta (art. 808 de la LEC).

¿Cómo se llevará a cabo la formación de inventario? En primer lugar, y a la vista de la solicitud de formación de inventario, el letrado de la Administración de Justicia (LAJ) señalará día y hora para que, en el plazo máximo de 10 días, se proceda a la formación de inventario, mandando citar a los cónyuges.

En el día y hora señalados, procederá el LAJ, con los cónyuges, a formar el inventario de la comunidad matrimonial, **sujetándose a lo dispuesto en la legislación civil para el régimen económico matrimonial de que se trate.**

En el mismo día o en el siguiente, se resolverá por el tribunal lo que proceda sobre la administración y disposición de los bienes incluidos en el inventario.

Finalmente, la sentencia resolverá sobre todas las cuestiones suscitadas, aprobando el inventario de la comunidad matrimonial, y dispondrá lo que sea procedente sobre la administración y disposición de los bienes comunes.

CUESTIONES

1. ¿Qué ocurrirá si uno de los cónyuges no comparece en el día señalado sin causa justificada?

Se le tendrá por conforme con la propuesta de inventario que efectúe el cónyuge que haya comparecido. En este caso, así como cuando, habiendo comparecido ambos cónyuges, lleguen a un acuerdo, se consignará este en el acta y se dará por concluido el acto (art. 809.1 de la LEC).

2. ¿Qué ocurrirá en el caso de que se susciten controversias entre los cónyuges a la hora de la inclusión o exclusión de algún concepto en el inventario o sobre el importe de cualquiera de las partidas?

El LAJ hará constar en el acta las pretensiones de cada una de las partes sobre los referidos bienes y su fundamentación jurídica, y citará a los interesados a una vista, continuando la tramitación con arreglo a lo previsto para el juicio verbal.

Y ya **una vez concluido el inventario o en su caso, firme la resolución que declare disuelto el régimen económico matrimonial,** cualquiera de los cónyuges o, de haber fallecido, sus herederos podrán solicitar la liquidación de este (art. 810.1 de la LEC).

La referida solicitud **deberá acompañarse de una propuesta de liquidación que incluya el pago de las indemnizaciones y reintegros debidos a cada cónyuge y la división del remanente en la proporción que corresponda,** teniendo en cuenta, en la formación de los lotes, las preferencias que establezcan las normas civiles aplicables.

Admitida a trámite la solicitud de liquidación, **el LAJ señalará, dentro del plazo máximo de 10 días, el día y hora en que los cónyuges o, de haber fallecido, sus herederos deberán comparecer ante el mismo al objeto de alcanzar un acuerdo** y, en su defecto, designar contador y, en su caso, peritos, para la práctica de las operaciones divisorias.

Cuando, sin mediar causa justificada, alguno de los cónyuges o, de haber fallecido, sus herederos no comparezcan en el día señalado, se le tendrá por conforme con la propuesta de liquidación que efectúe el cónyuge o, de haber fallecido, el heredero que haya comparecido. En este caso, así como cuando, habiendo comparecido ambos cónyuges o, de haber fallecido, sus herederos, lleguen a un acuerdo, se consignará este en el acta y se dará por concluido el acto, llevándose a efecto lo acordado.

En caso de **no llegarse a un acuerdo sobre la liquidación**, establece el artículo 810.5 de la LEC, «De no lograrse acuerdo entre los cónyuges o, de haber fallecido, sus herederos sobre la liquidación de su régimen económico-matrimonial, **se procederá, mediante diligencia, al nombramiento de contador y, en su caso, peritos**, conforme a lo establecido en el artículo 784 de esta ley, continuando la tramitación con arreglo a lo dispuesto en los artículos 785 y siguientes».

De lo anterior se sigue que la formación de inventario para determinar el activo y el pasivo de la comunidad matrimonial precede a la liquidación del régimen económico matrimonial porque no es sino hasta concluido el inventario cuando los cónyuges «podrán» solicitar la liquidación (artículo 810.1 de la LEC), lo que significa a su vez que, **la determinación el activo y del pasivo de la comunidad no exige necesariamente una petición de liquidación** (sentencia del Tribunal Supremo n.º 703/2015, de 21 de diciembre, ECLI:ES:TS:2015:5760).

Por lo tanto, ejercitada la acción de división en el proceso matrimonial y si los bienes o el bien que forma la comunidad ordinaria indivisa entre los cónyuges no tienen cargas ni hay pasivo a inventariar podrá acudirse directamente a la petición de liquidación porque los bienes que conforman el activo inventariable ya han quedado determinados en el proceso matrimonial con el ejercicio de la acción de división (art. 810.1 de la LEC). Si bien, **no cabe ir directamente al procedimiento de liquidación contemplado en el artículo 806 de la LEC, es necesario que previamente se declare en sentencia la división del bien o bienes objeto de la comunidad ordinaria**, en este sentido se pronuncia la **sentencia de la Audiencia Provincial de Barcelona n.º 221/2014, de 26 de marzo, ECLI:ES:APB:2014:2635**.

¿Es aplicable el procedimiento de liquidación de régimen matrimonial establecido en la LEC al régimen de separación de bienes?

En primer lugar, y como ya hemos señalado anteriormente, cabe apuntar que, **en el régimen de separación absoluta de bienes, no existe una masa patrimonial común pendiente de liquidación**. No es que un bien integre una masa patrimonial en una forma de comunidad y haya que atribuir privativamente a los cónyuges, sino que existe un bien que ya les pertenece privativamente, pero en régimen de comunidad ordinaria y cuya división se pretende. Por lo tanto, y tal y como señala la **sentencia de la Audiencia Provincial de Ciudad Real n.º 284/2014, de 27 de noviembre, ECLI:ES:APCR:2014:1329**, existe una doctrina y jurisprudencia mayoritaria que **determinan la inade-**

cuación del procedimiento contenido en los artículos 806 y siguientes de la LEC, ya que no cabe confundir liquidación del régimen matrimonial, o patrimonio o masa común, con la división de bienes proindiviso adquiridos por ambos cónyuges.

Si bien, a sensu contrario la **sentencia de la Audiencia Provincial de Álava n.º 454/2019, de 11 de junio, ECLI:ES:APVI:2019:618**, afirma que, **el régimen contemplado en los artículos 806 y siguientes de la LEC es común a la liquidación de todos los regímenes económicos matrimoniales**, no exceptúa la de separación de bienes ni las cargas derivadas del mismo, y la misma recalca que los referidos preceptos son claros, así como la jurisprudencia que los interpreta, «(...) la liquidación de la masa común de bienes y derechos, sea cual sea el régimen económico matrimonial, deberá solicitarse en el mismo juzgado que haya conocido del Divorcio, por los cauces que establece el capítulo (art. 806 y ss. LEC), resultando indiferente que tengan en común inmuebles, cuentas corrientes, negocios y rendimientos derivados de éstos».

Otra parte de la doctrina entiende que el cauce procesal contemplado en los mencionados artículos 806 y siguientes de la LEC, queda legalmente constreñido a **aquellos regímenes en los que existe un consorcio de bienes y obligaciones sujetos a determinadas cargas y obligaciones matrimoniales, por lo que, podría encajar perfectamente en dicho cauce procesal el régimen de separación de bienes, pero ello siempre que en las capitulaciones al efecto otorgadas se hubiese establecido, para hacer frente a antedichas cargas un conjunto de bienes y derechos desligados de los bienes privativos** de cada uno de los cónyuges, en este sentido es muy interesante la lectura de la **sentencia de la Audiencia Provincial de Cáceres n.º 22/2014, de 5 de febrero, ECLI:ES:APCC:2014:62**.

4.
ANÁLISIS DE LOS CONFLICTOS EN LA CALIFICACIÓN DE UN BIEN COMO GANANCIAL O PRIVATIVO

Antes de entrar a analizar las casuísticas más problemáticas en detalle, analizaremos los conflictos que, de una manera más general, pueden darse a la hora de calificar un bien como privativo o ganancial.

Asimismo, para poder responder a esta cuestión también es necesario determinar si nos encontramos ante un régimen económico matrimonial de gananciales o si por el contrario estamos ante un régimen económico matrimonial de separación de bienes.

Conflictos en el régimen económico matrimonial de gananciales

Nuestro ordenamiento jurídico recoge un principio de presunción *iuris tantum* de que **los bienes matrimoniales son gananciales mientras no se pruebe lo contrario, por quien alegue que no lo son.** Dicha presunción de gancialidad, como ya se ha señalado en temas anteriores, se recoge en el artículo 1361 del CC:

> «Se presumen gananciales los bienes existentes en el matrimonio mientras no se pruebe que pertenecen privativamente a uno de los dos cónyuges».

Asimismo, el artículo 1441 del CC prevé carácter ganancial a todos aquellos bienes o derechos respecto de los que no sea posible acreditar a cuál de los cónyuges pertenece. Si bien, los cónyuges casados bajo un régimen económico matrimonial de gananciales **pueden obtener un bien con carácter privativo excluyendo dicho bien del patrimonio ganancial**, y a pesar de existir esta posibilidad, existen numerosas controversias en este sentido.

A modo de ejemplo, es interesante mencionar la **resolución de 12 de junio de 2020**, de la **Dirección General de Seguridad Jurídica y Fe Pública**, en donde se resuelve un caso en el que uno de los cónyuges, vigente la sociedad de gananciales, adquiere un inmueble con dinero privativo que había recibido en la herencia de su padre con el acuerdo del otro cónyuge. De modo que, se discute si procederá compensación o reembolso alguno actual o futuro entre los patrimonios ganancial y privativo de los cónyuges.

Además, en este caso la registradora de la propiedad **acuerda suspender la inscripción de la compraventa**, teniendo en cuenta las siguientes consideraciones:

- **La simple declaración, incluso de ambos cónyuges, no es suficiente para atribuir a los bienes carácter privativo** y, por lo tanto, no tiene eficacia para destruir la presunción de gananciabilidad del artículo 1361 del CC.

- Para que la subrogación real en su modalidad de reemplazo otorgue la cualidad de privativo a un bien, **se requiere probar, de manera indubitada y no meramente indiciaria, el nexo de unión entre el dinero privativo y el precio que se satisface.**

Pero si atendemos a lo dispuesto en el artículo 1346.3.º del CC:

> «Son privativos de cada uno de los cónyuges:
> (...)
> 3.º **Los adquiridos a costa o en sustitución de bienes privativos**».

Por lo que, al ser los fondos utilizados privativos, el bien adquirido sería privativo en aplicación del mencionado artículo 1346.3.º del CC. No haría falta, por tanto, la voluntad de ambos cónyuges para atribuir al bien adquirido carácter privativo. Puesto que, **los bienes adquiridos a costa de bienes privativos son privativos.**

Pero, si acudimos de nuevo al artículo 1361 del CC que establece una presunción de gananciabilidad, a falta de acuerdo entre los cónyuges, debería acreditarse el carácter privativo del dinero o el precio mediante prueba documental pública cuando la adquisición la verifique uno solo de los cónyuges, así lo dispone el artículo 95.2 del Reglamento Hipotecario:

> «1. Se inscribirán como bienes privativos del cónyuge adquirente los adquiridos durante la sociedad de gananciales que legalmente tengan tal carácter.
> 2. El carácter privativo del precio o de la contraprestación del bien adquirido deberá justificarse mediante prueba documental pública».

Por otro lado, los artículos 1355 del CC y 1323 del CC permiten que los cónyuges **atribuyan carácter privativo a bienes adquiridos con fondos gananciales, sustituyendo con su voluntad la determinación legal de los bienes.**

La resolución concluye que la escritura de compraventa es perfectamente inscribible por las siguientes razones:

- **Los cónyuges casados en régimen legal de gananciales pueden atribuir libremente** *ab initio* **a lo adquirido carácter privativo,** con independencia del carácter del dinero o los fondos empleados en su adquisición.

- Dicho acuerdo excluye la aplicación de los preceptos que presuponen una adquisición conforme al juego de los principios codiciales subsidiarios de subrogación real y presunción legal de gananciabilidad.

- En la escritura queda perfectamente explicitado el carácter oneroso del negocio entre los esposos, en el sentido de que hay una perfecta conmutatividad sinalagmática entre el carácter de lo adquirido y los fondos empleados en la adquisición.

- En este caso, **no existe derecho de reembolso alguno entre las masas patrimoniales ganancial y privativas.**

- Se cumple con las exigencias legales en relación con la acreditación de los medios de pago.

En este supuesto, **los cónyuges, por pacto, están determinando el carácter privativo de los bienes comprados por el marido,** abstracción hecha ya que no se ha podido acreditar el carácter privativo de los mismos mediante aplicación directa del principio de subrogación real por faltar la prueba fehaciente del carácter privativo del dinero empleado, de modo que, **ambos cónyuges, en ejercicio de su autonomía de la voluntad, excluyen el juego de la presunción de ganancialidad del artículo 1361 del Código Civil,** y en la escritura calificada queda explicitado el carácter oneroso del negocio entre los esposos, en el sentido de que hay una perfecta conmutatividad sinalagmática entre el carácter de lo adquirido y los fondos empleados en la adquisición.

Es decir, para que la prueba de adquisición del bien con fondos privativos modificara el carácter ganancial del bien, sería necesario que el interesado en desvirtuar la presunción de la voluntad común favorable a la ganancialidad del artículo 1355 del CC, **pruebe que en el momento de realizar la adquisición no existía voluntad común de que el bien se integrara en el patrimonio ganancial.**

Con respecto al **derecho de reembolso,** cabe reiterar que **la prueba del carácter privativo del dinero determinará el derecho de reembolso a favor del aportante,** aunque no haya hecho reserva en el momento de la adquisición.

Así pues, podemos establecer que cuando los cónyuges atribuyen de común acuerdo el carácter ganancial a bienes adquiridos con dinero privativo de uno de ellos, la prueba de que el dinero empleado para su adquisición tenía origen privativo de uno de los cónyuges no determinará que este ostente carácter privativo, sino que dicho bien mantendrá, de igual modo, su naturaleza ganancial. Sin embargo, **si permitirá que, a tenor de dicha prueba, se pueda exigir el reintegro del dinero utilizado en su adquisición a pesar de que no hubiera hecho la reserva a la que hace alusión el artículo 1358 del CC respecto del reembolso por el valor satisfecho.**

CUESTIÓN

El ingreso de dinero privativo en una cuenta bancaria común de ambos cónyuges, ¿convierte ese dinero en ganancial?

No. El mero hecho de ingresar dinero de carácter privativo en una cuenta común de ambos cónyuges casados bajo el régimen económico matrimonial de gananciales no convierte ese dinero en ganancial. En caso de que ese dinero se emplee para hacer frente a necesidades y cargas de la familia o para la adquisición de bienes a los que los cónyuges, de común acuerdo, atribuyen carácter ganancial, surge un reembolso a favor de su titular, aunque no hiciera reserva de ese derecho en el momento del ingreso del dinero en la cuenta (STS, n.º 78/2020, de 4 de febrero, ECLI:ES:TS:2020:163, STS, n.º 637/2021, de 27 de septiembre, ECLI:ES:TS:2021:3596, entre otras).

Conflictos en el régimen económico matrimonial de separación de bienes

Como ya se ha expuesto, de regir el régimen de separación de bienes en el matrimonio, cada cónyuge conservará la propiedad y la administración de sus propios bienes. Esto será así no solo con respecto de los bienes adquiridos de forma previa a la formalización del matrimonio, sino también con respecto a aquellos que los cónyuges adquieran durante el mismo.

Ahora bien, **dicho régimen de separación de bienes**, que se fundamenta en la autonomía patrimonial de ambos cónyuges, **no puede ser absoluto**, dado que la convivencia marital requiere atender a determinadas cargas de contenido económico. El artículo 1438 del CC señala:

«Los cónyuges contribuirán al sostenimiento de las cargas del matrimonio. A falta de convenio lo harán proporcionalmente a sus respectivos recursos económicos. El trabajo para la casa será computado como contribución a las cargas y dará derecho a obtener una compensación que el Juez señalará, a falta de acuerdo, a la extinción del régimen de separación».

Pero **¿qué ocurre cuando no se pueda atribuir a cuál de los cónyuges pertenece algún bien?** Para responder a esta cuestión debemos acudir a los establecido en el artículo 1441 del CC, que establece una presunción iuris tantum: «Cuando no sea posible acreditar a cuál de los cónyuges pertenece algún bien o derecho, corresponderá a ambos por mitad».

CUESTIÓN

En caso de que en un régimen de separación de bienes uno de los cónyuges aporta una proporción mayor de la que le corresponde para hacer frente a las cargas del matrimonio, ¿tendrá derecho a reembolso?

Sí. En el régimen de separación de bienes a diferencia del de gananciales, el derecho de reembolso solo operará en relación a los concretos gastos incardinables en el concepto de cargas del matrimonio, por lo que, en el supuesto específico en el que uno de los cónyuges hubiera contribuido en mayor cantidad a la que le corresponde en la satisfacción de los mencionados gastos, surgirá un indiscutible derecho de reembolso, como resulta, en esta ocasión, del juego normativo de los artículos 1319 del CC y 1440 del CC.

A modo de ejemplo práctico para dar respuesta a esta cuestión es interesante la sentencia de la Audiencia Provincial de A Coruña n.º 793/2022, de 12 de diciembre, ECLI:ES:APC:2022:3212.

4.1. Indemnizaciones

A la hora de analizar si las indemnizaciones son un bien privativo o ganancial, debemos atender al tipo de indemnización, es decir, si se trata de una indemnización por accidente de circulación, por despido, por accidente laboral, por accidente de tráfico, por prejubilación, etc.

Indemnización por accidente de tráfico

De acuerdo con el ordinal sexto del **artículo 1346 del CC**:

> «Son privativos de cada uno de los cónyuges
> (...)
> 6.º El **resarcimiento por daños inferidos a la persona** de uno de los cónyuges o a sus bienes privativos».

Por tanto, a la vista de lo anterior, no cabría duda de que las **indemnizaciones por accidentes de tráfico son bienes privativos**, pues el objeto de las mismas es resarcir un daño personal del cónyuge que ha sufrido un accidente.

Ahora bien **¿qué ocurre en el caso de que el beneficiario de la indemnización por accidente de tráfico utilice dicha indemnización para invertir en un bien ganancial?** En este caso, la fijación de carácter ganancial que le han atribuido los cónyuges al bien no convierte en ganancial el dinero empleado para la adquisición del mismo **y genera un crédito por el valor satisfecho que es exigible en el momento de la liquidación, si no se ha hecho efectivo con anterioridad.**

Por lo tanto, en caso de disolución de la sociedad de gananciales y de acuerdo con el derecho de reembolso recogido en el artículo 1358 del CC, y aunque en el momento de la adquisición del inmueble no se haya hecho reserva alguna, **el derecho de reembolso procede siempre que no se excluya expresamente.**

Así, la **sentencia del Tribunal Supremo n.º 591/2020, de 11 de noviembre, ECLI:ES:TS:2020:3635**, reza como sigue:

> «La sentencia del pleno 295/2019, de 27 mayo, seguida entre otras por las sentencias 415/2019, de 11 de julio, y 138/2020, de 2 de marzo, sentó como doctrina que el derecho de reembolso procede, por aplicación del art. 1358 CC, aunque no se hubiera hecho reserva alguna en el momento de la adquisición. Esta doctrina establece que **el reembolso que prevé el art. 1358 CC para equilibrar los desplazamientos entre las masas patrimoniales procede siempre que no se excluya expresamente.** La atribución del carácter ganancial al bien no convierte en ganancial al dinero empleado para su adquisición y genera un crédito por "el valor satisfecho" que es exigible en el momento de la liquidación si no se ha hecho efectivo con anterioridad (arts. 1358 y 1398.3.ª CC).

De la misma manera, en el caso de que se emplee dinero privativo para pagar la deuda contraída al adquirir el bien ganancial, se integra en el pasivo de la sociedad el importe actualizado de las cantidades pagadas por uno solo de los cónyuges (art. 1398.3.ª CC y, recientemente, sentencia 498/2017, de 13 de septiembre)».

CUESTIÓN

«A» lleva diez años casada con «B» bajo el régimen económico matrimonial de gananciales. «A» recibe una indemnización de 500.000 euros como consecuencia de un accidente de circulación. «A» y «B» quieren liquidar su régimen económico matrimonial 7 años después de que «A» recibiera la referida indemnización. Esta ha estado generando intereses durante los referidos 7 años. ¿Los intereses percibidos serán bienes privativos o gananciales?

Si atendemos al artículo 1347.2.º del CC, son bienes gananciales los intereses que produzcan tanto los bienes privativos como los bienes gananciales.

Indemnización por despido

En caso de que **el régimen económico matrimonial sea el de separación de bienes no cabe duda alguna de que la indemnización por despido será privativa** del cónyuge que la reciba. La mayor problemática la encontraremos cuando el régimen económico matrimonial entre los cónyuges sea el de gananciales.

Así, de acuerdo con el ordinal primero del **artículo 1347 del CC:**

«Son bienes gananciales:
1.º Los obtenidos por el trabajo o la industria de cualquiera de los cónyuges».

Del citado precepto queda claro que los salarios obtenidos por el trabajo de cada uno de los cónyuges pertenecerán a la sociedad de gananciales, pero que las indemnizaciones por despido pertenezcan a la sociedad de gananciales no está tan claro.

El **Tribunal Supremo en su sentencia n.º 386/2019, de 3 de julio, ECLI:ES:TS:2019:2252,** expone que la indemnización por despido **debe ser considerada ganancial** porque tiene su causa en un contrato de trabajo desarrollado a lo largo de la vida del matrimonio, **pero solo por los años trabajados durante la vigencia del régimen de gananciales, es decir, no tendrían carácter ganancial las cantidades correspondientes a los años en que no existía la sociedad de gananciales.**

En idéntico sentido, se pronuncia la **sentencia de la Audiencia Provincial de Lugo n.º 454/2020, de 7 de octubre, ECLI:ES:APLU:2020:674,** «pero cuando el trabajo perdido por un despido improcedente, causa que originaria de la indemnización, tuvo su inicio con anterioridad a contraer nupcias, debe tenerse que **determinar el porcentaje de la indemnización que corresponde a los años trabajados durante el matrimonio, cuya aplicación nos dará la cantidad que deba considerarse como ganancial;** "así como debería tenerse en cuenta también en la liquidación de los gananciales la capitalización por posibles indemnizaciones que se generen por despidos por contratos de trabajo vigentes durante el matrimonio y por el período de tiempo trabajado vigente la sociedad. Por ello a la vista de que la indemnización por despido se calcula sobre la base del número de años trabajados, no deberían tener naturaleza ganancial las cantidades correspondientes a los años en que no existía la sociedad de gananciales. **Esta regla estaría de acuerdo con las normas que establecieron la posibilidad de concurrencia de varios cónyuges, en la pensión de viudedad cuando hubiesen existido divorcios sucesivos**, de acuerdo con lo establecido en la Disposición adicional 10, 1ª de la Ley 30/1981, de 7 de julio, que modificó la regulación del matrimonio en el Código civil y como ocurre en el artículo 174.2 de la Ley General de seguridad social, redactado de acuerdo con la Ley 40/2007, de 4 diciembre, de medidas en materia de la seguridad social". Podría argumentarse que las indemnizaciones por despido tienen un límite máximo (artículo 56 del Estatuto de los Trabajadores), por lo que a partir de determinado número de años trabajados no se incrementa el tope máximo de mensualidades salariales a percibir; pero debe tenerse en consideración que sí se actualizan las bases salariales sobre las que se aplica».

Por lo tanto, la indemnización por despido es un bien ganancial por **constituir la misma una compensación por el incumplimiento del contrato laboral por parte del empresario,** y deberá tener la misma consideración que las ganancias derivadas del contrato laboral, de acuerdo con el precitado artículo 1347.1 del CC.

Sin embargo, para llegar a una conclusión sobre esta cuestión habrá que analizar dos extremos:

– **La fecha de percepción de la indemnización**: si la misma es obtenida durante la vigencia de la sociedad de gananciales o, por el contrario, es percibida cuando ya ha tenido lugar la liquidación de la sociedad.

– Distinguir **si el derecho a cobrar esa indemnización debe ser considerado como un componente de los derechos de la personalidad.**

A este respecto es interesante consultar la **sentencia del Tribunal Supremo n.º 715/2007, de 26 de junio, ECLI:ES:TS:2007:4448**, que determina:

> «Aplicando, pues, los criterios que han sido mantenidos por esta Sala, debemos estimar el segundo motivo del recurso, porque si bien es cierto que el derecho a ser resarcido por la pérdida del trabajo tiene un fuerte componente moral, también lo es que, en este caso, se cumplen los requisitos exigidos por la jurisprudencia para considerar que la indemnización percibida por D. José adquirió la condición de bien ganancial, puesto que se ha obtenido aun vigente la sociedad de gananciales, que se disolvió pocos meses después de haberse cobrado, y es una consecuencia económica del trabajo efectuado por su perceptor, que, además, debe calcularse según los parámetros referidos al salario percibido hasta aquel momento por el trabajador y no se pierde por la obtención de un trabajo posterior a la sentencia que la reconoce. En suma, que estas indemnizaciones deben seguir el mismo régimen que el salario en relación a su condición de gananciales».

En el mismo sentido, se vuelve a pronunciar el Tribunal Supremo a través de su **STS n.º 429/2008, de 28 de mayo, ECLI:ES:TS:2008:3109:**

«Efectivamente, debe distinguirse entre lo que se debe considerar el derecho al trabajo, que permite obtener un empleo en el mercado laboral y que constituye el título en cuya virtud el cónyuge trabajador accede al mercado de trabajo y desarrolla allí sus capacidades laborales, del beneficio que se va a obtener con el ejercicio del derecho al trabajo. El primero es un bien privativo por tratarse de un "derecho inherente a la persona", incluido en el Art. 1346, 5 CC, mientras que el segundo va a ser un bien ganancial, incluido en el Art. 1347,1 CC. Si ello no resulta dudoso en lo que a los salarios se refiere, plantea mayores dificultades cuando se trata de "ganancias" obtenidas en virtud de un contrato de trabajo que se acaba y cuya extinción genera una indemnización debido las causas establecidas en la legislación laboral. Es entonces cuando algunas veces se ha considerado que la indemnización va a sustituir la pérdida de un derecho privativo, por ser inherente a la persona, como es el derecho al trabajo y por ello dicha indemnización no debe tener la condición de ganancial, sino que es un bien privativo, por aplicación del principio de la subrogación. Pero este argumento no resulta convincente, puesto que el **derecho al trabajo permanece incólume, ya que el trabajador despedido sigue en el mercado de trabajo y puede contratar su fuerza laboral inmediatamente después del despido; en realidad lo que ocurre es que la indemnización por despido constituye una compensación por el incumplimiento del contrato** y por ello mismo va a tener la misma consideración que todas las demás ganancias derivadas del contrato, siempre que se hayan producido vigente la sociedad de gananciales. El derecho que permite el ejercicio de la fuerza de trabajo no se ha lesionado en absoluto; lo único que ha quedado vulnerado de alguna manera es la efectiva obtención de las ganancias originadas por la inversión de este capital humano, que es lo que según el Art. 1347.1 CC resulta ganancial.

Consecuencia de los argumentos expresados es que la **indemnización cobrada por D. Alberto en virtud del despido en la empresa donde trabajaba, debe ser considerada como ganancial porque tiene su causa en un contrato de trabajo, como el actual, que se ha venido desarrollando a lo largo de la vida del matrimonio**».

CUESTIÓN

El despido de un trabajador se produce durante la vigencia del régimen económico matrimonial de gananciales, si bien, la indemnización por tal despido se percibió una vez disuelta la sociedad. En este caso, ¿la indemnización es un bien privativo o ganancial?

El derecho a percibir la indemnización tiene su origen con la sentencia del juzgado de los social que la reconoce. En este caso, tal derecho reconocido de cobro nace durante la vigencia de la sociedad de gananciales, por lo que, la indemnización deberá incluirse en el activo de la sociedad. En este sentido se pronuncia la sentencia de la Audiencia Provincial de Valladolid n.º 145/2013, de 25 de abril, ECLI:ES: APVA:2013:516, «(...) el reconocimiento del Fogasa no es más que la materialización de una indemnización que tiene su origen y reconocimiento en la sentencia dictada por el Juzgado de lo Social núm. 2 de Valladolid de 30 de marzo de 2010, anterior por tanto a producirse la separación de hecho que invoca el recurrente».

Indemnización por accidente laboral

De acuerdo con el **artículo 1346.6.º del CC**:

«Son privativos de cada uno de los cónyuges:
(...)
6.º **El resarcimiento por daños inferidos a la persona de uno de los cónyuges o a sus bienes privativos**».

Por lo que, teniendo en cuenta lo dispuesto en el anterior precepto, podemos entender que las cantidades percibidas en concepto de indemnización por accidente laboral serán privativas, ya que se perciben para resarcir un daño personal ocasionado por un accidente laboral.

Además, este derecho a ser resarcido por los daños causados en un accidente laboral es un derecho personal e intransferible.

Si bien, la jurisprudencia no ha sido pacífica al respecto y se pueden distinguir dos líneas jurisprudenciales.

Como ejemplo de la primera línea jurisprudencial, la **sentencia de la Audiencia Provincial de Córdoba n.º 19/2010, de 25 de enero, ECLI:ES: APCO:2010:679**:

«La sentencia recurrida parte de que la posible indemnización que hubiese podido percibir en estos procedimientos Doña Fidela tendría carácter privativo, por ser de aplicación el art. 1346.6º del Código Civil; pero mantiene que, aplicando el tenor del art. 1377, estaríamos ante obligaciones contraídas por uno de los cónyuges con el consentimiento del otro, por lo que de las mismas tendrían que responder los bienes gananciales.

No se comparte totalmente el argumento anterior, pues consta en autos que a la fecha en que se produjo el accidente, la Sra. Fidela se encontraba trabajando en un negocio de estética ubicado en el piso donde se produjo el derrumbamiento; extremo sobre el que ambas partes están de acuerdo, como se deduce de lo que han manifestado y perseguido con los procedimientos judiciales. En concreto, entre otros daños personales y materiales, persiguieron la declaración de incapacidad permanente para todo tipo de trabajos, que le fue declarada a Doña Fidela por el INSS en el mes de septiembre de 1997. Del contenido de estas reclamaciones y del objetivo perseguido era conocedor y partícipe el esposo de la anterior, Don Luis Pablo.

Pues bien, partiendo de este presupuesto, y con base a lo determinado en el art. 1347.1º del C.C., que fija que son bienes gananciales los obtenidos por el trabajo o la industria de cualquiera de los cónyuges; se debe concluir que aquellos daños que sufra derivados del ejercicio de su actividad profesional, su resarcimiento tendría igualmente carácter ganancial».

En atención a lo anterior, las cantidades percibidas por un accidente laboral tendrían carácter ganancial, ya que se usan para resarcir daños derivados del ejercicio de una actividad profesional, por lo que tendrían su encuadre en el artículo 1347.1.º del CC.

A sensu contrario y de acuerdo con la línea jurisprudencial mayoritaria, la **sentencia de la Audiencia Provincial de A Coruña n.º 369/2012, de 29 de junio, ECLI:ES:APC:2012:2007,** en la que el debate se centra en el carácter privativo o ganancial de la indemnización percibida por uno de los cónyuges, en si esta ha de figurar en el pasivo del inventario de la sociedad de gananciales el reembolso o reintegro de la suma que corresponda a favor del cónyuge que aportó tal cantidad de dinero para la compra de la vivienda familiar.

Señala la referida sentencia, que **en este caso no se está ante una indemnización procedente de la relación laboral y generada al amparo de la misma,** cuyo carácter ganancial, como ya hemos señalado, sí debería ser reconocido, a luz de la doctrina jurisprudencial expuesta. Por lo que, **la indemnización por un accidente laboral tiene su origen en un resarcimiento de daños inferidos a la persona de uno de los cónyuges,** en tanto, encaja perfectamente en el artículo 1346.6.º del CC.

Por otro lado, la sentencia advierte que, dentro del quantum indemnizatorio, **se podrían individualizar las cantidades que corresponden a las secuelas físicas del accidente y el resarcimiento por incapacidad para el trabajo,** a los que pueden sumarse el resarcimiento de gastos sanitarios y de otra índole causalmente ligados a aquel.

Así, la referida sentencia concluye:

> «Falta, hasta el momento, jurisprudencia del Tribunal Supremo sobre el específico problema de cuál sea la naturaleza de una indemnización por accidente laboral sufrido por uno de los esposos, pero esta Sala considera pertinente mantener el criterio expresado por el Alto Tribunal en las indemnizaciones por accidente común (STS 14 de enero de 2003 —RJ 2003, 1— y 26 de diciembre de 2005 —RJ 2006, 1213—) y afirmar, en consecuencia, su naturaleza privativa, a la luz del art. 1346.6º CC, en la línea en que lo han hecho sentencias anteriores de esta misma Audiencia Provincial, ya en el caso concreto de accidentes de trabajo. Por lo demás, el argumento vertido por la defensa de la demandada no se sustenta en la calificación del accidente como laboral sino en la distinción en la indemnización de una parte que repara la pérdida de la capacidad para el trabajo del esposo al tener el concepto de resarcimiento por incapacidad temporal y por incapacidad permanente, concepto que igualmente podría desglosarse en otras indemnizaciones percibidas por los daños sufridos en accidente común, sin que en tal sentido se haya pronunciado, hasta el momento, el Tribunal Supremo. En definitiva, debe integrarse, como partida del pasivo de la sociedad, la cantidad, convenientemente actualizada, de 30.007 euros, que el esposo aportó para la adquisición de la vivienda familiar, de naturaleza ganancial y constituye un crédito a su favor, al ser dinero privativo, de conformidad con lo que prevé el art. 1398.3º CC».

A modo de ejemplo de lo anterior, la **sentencia del Tribunal Supremo de 25 de marzo de 1988, ECLI:ES:TS:1988:16712**, que reconoció el carácter ganancial de una indemnización percibida por uno de los cónyuges en virtud de una póliza de seguros suscrita por la empresa que cubría el riesgo de invalidez permanente absoluta para el trabajo, pero precisamente lo hace **recalcando que dicha indemnización no tiene su fundamento en un resarcimiento de daños**, a diferencia del caso analizado por la Audiencia Provincial de A Coruña.

Por último, el **Tribunal Supremo a través de su sentencia n.º 668/2017, de 14 de diciembre, ECLI:ES:TS:2017:4318**, se pronuncia por segunda vez sobre la naturaleza ganancial o privativa de las indemnizaciones por accidente laboral y **unifica doctrina al respecto**, sosteniendo que concurren razones para afirmar que **la indemnización por incapacidad permanente absoluta cobrada por un cónyuge durante la vigencia de la sociedad de gananciales en virtud de una póliza de seguro concertada por la empresa para la que se trabaja tiene carácter privativo**.

Las razones que da el Tribunal Supremo para llegar a la anterior conclusión son las siguientes:

- En **ausencia de norma expresa sobre el carácter privativo o ganancial de determinado bien o derecho, la resolución de los conflictos que se susciten debe atender a la naturaleza del derecho y al fundamento por el que se reconoce**, aplicando los criterios que la ley tiene en cuenta para supuestos semejantes.

- La invalidez permanente es la situación del trabajador/a que, después de haber estado sometido al tratamiento prescrito y de haber sido dado de alta médicamente, presenta reducciones anatómicas o funcionales graves, susceptibles de determinación objetiva y previsiblemente definitivas, que disminuyan o anulen su capacidad laboral.

Indemnización por jubilación anticipada

En el caso de la **indemnización por jubilación anticipada**, tal indemnización procede de la pérdida de un empleo por jubilación anticipada (valga la redundancia). Este tipo de indemnizaciones por prejubilación tendrán naturaleza privativa, pero los intereses o rentas que se generen durante la vigencia de la sociedad de gananciales serán bienes gananciales. En este sentido, es importante traer a colación la **sentencia de la Audiencia Provincial de Valladolid n.º 151/2003, de 21 de marzo, ECLI:ES:APVA:2003:704**, la cual dispuso lo siguiente:

> «Esta Audiencia, siguiendo la doctrina y jurisprudencial más reciente (STS de 22-12- 1999, 29-6-2000), viene entendiendo que este tipo de indemnizaciones —por cese laboral por regulación de empleo— tiene la naturaleza privativa, ya se considere un derecho patrimonial inherente a la persona y no transmisible, ya como un bien adquirido en sustitución de otro genuinamente particular cual sería el salario futuro (Art.1346.5º y 3 del Código Civil). La aportación del actor a la sociedad de gananciales de

17.500.000 pesetas procedentes de una indemnización de estas características y por ende privativa, ha quedado sobradamente demostrada por medio de los documentos aportados con la propuesta de inventario, acreditativos de la indemnización percibida por su baja laboral en Fasa Renault, y las ulteriores operaciones de Seguro Mixto y Seguro Renta concertadas con Postal Vida S.A. (doc. 23 a 29). Se trata pues, en el caso de ambas inversiones, de aportaciones privativas del esposo que entraron en la masa ganancial y que de conformidad con lo dispuesto en los artículos 1358, 1364 y 1398.2° y 3° del Código Civil, da derecho al cónyuge que las hizo al reintegro de su valor actualizado a costa del caudal común».

En el mismo sentido se pronuncia la **sentencia de la Audiencia Provincial de Cantabria n.° 314/2022, de 15 de junio, ECLI:ES:APS:2022:893:**

«**No hallándonos ante una indemnización por despido sino por prejubilación, es claro que no puede hacerse aplicación de la doctrina legal
referente a la primera** y que fue aplicada por este tribunal en su sentencia 353/2015 de 21 de julio citada en la recurrida e invocada por doña Montserrat, en un caso de indemnización por despido, pues estas indemnizaciones son de naturaleza jurídica bien distinta. Como puso de manifiesto la STS 8370/1999 de 22 de Diciembre, con referencia a la indemnización por prejubilación, "**la indicada prestación no retribuye un trabajo precedente, ni constituye un complemento de los sueldos percibidos, sino
que proviene de la pérdida de dicho trabajo por jubilación anticipada,
de manera que las consecuencias de la nueva situación laboral de don
Abelardo, que ha obtenido después la separación legal de su esposa,
sólo a él afectan**, con la consiguiente repercusión, no comunitaria, de la indemnización por prejubilación, que posee una clara proyección de futuro, y, en este sentido, es ajena a los principios del régimen de la sociedad de gananciales. Sobre tales bases debe concluirse que la indemnización de que se trata participa de la naturaleza privativa, ya se considere como un derecho patrimonial inherente a la persona, ya como un bien adquirido en sustitución de otro genuinamente particular, cual sería el salario futuro (art. 1346.3 del Código Civil) "; doctrina luego reiterada en la STS 4448/2007 de 26 de junio. En este caso, la sociedad de gananciales se disolvió por la sentencia firme de divorcio el 16 de julio de 2014, casi seis años antes de que don Carlos Miguel cumpliera los 64 años de edad previstos en aquel Acuerdo, lo que evidencia más aún la improcedencia y falta de justificación de considerar la indemnización por prejubilación como ganancial, sin perjuicio de que si deban considerarse como tales los rendimientos del mismo hasta el momento del divorcio; pero se ha acreditado, como se ha expuesto, que el depósito constituido era restituido en cuotas comprensivas de capital e intereses, que fueron empleadas en gastos de la sociedad de gananciales, pues así se desprende del extracto de la cuenta corriente común en que se ingresaron hasta el mes de abril de 2013 y del hecho de que desde esa fecha y a pensar de ingresarse en una cuenta privada de don Carlos Miguel, este realizara transferencias a la cuenta de la esposa. En definitiva, el recurso debe ser estimado excluyendo del inventario el crédito de que se trata».

Por su parte, el Tribunal Supremo, entre otras, a través de su **STS n.º 541/2005, de 29 de junio, ECLI:ES:TS:2005:4330**, entiende:

> «Sobre tales bases debe concluirse que la **indemnización de que se trata participa de la naturaleza privativa, ya se considere como un derecho patrimonial inherente a la persona,** ya como un bien adquirido en sustitución de otro genuinamente particular, cual sería el salario futuro (art. 1346.3 del Código Civil)».

4.2. Pensiones por incapacidad y jubilación

A la hora de analizar si una pensión es ganancial o privativa debemos atender al tipo de pensión. En este apartado analizaremos dos tipos de pensiones:

- Pensión por incapacidad laboral.
- Pensión de jubilación.

Pensión por incapacidad laboral

En primer lugar, hay que dejar claro que, en este supuesto, generalmente, nos encontramos ante una pensión mensual, no ante una indemnización, que sustituye el salario que podría obtenerse con capacidad laboral plena.

La incapacidad permanente absoluta impide a un trabajador realizar cualquier tipo de profesión, es decir, el objeto de la pensión como consecuencia de una incapacidad permanente absoluta es el resarcimiento de un daño que afecta a una persona trabajadora que ha perdido unas facultades que le impedirán en un fututo obtener ingresos y recursos económicos como consecuencia de la pérdida de dichas facultades, por lo que, de acuerdo con el **artículo 1346 del Código Civil, apartado 6.º:**

> «Son privativos de cada uno de los cónyuges:
> (...)
> 6.º El resarcimiento por daños inferidos a la persona de uno de los cónyuges o a sus bienes privativos».

A este respecto podemos referenciar, de nuevo, la **sentencia del Tribunal Supremo n.º 668/2017, de 14 de diciembre, ECLI:ES:TS:2017:4318**:

> «En consecuencia, por su propia naturaleza y función, **la titularidad de esta pensión guarda una estrecha conexión con la personalidad** (es inherente a la persona, art. 1346.5.º CC) y con el concepto de resarcimiento de daños personales (art. 1346.6.º CC, con independencia de que hayan sido "inferidos" por otra persona, sean consecuencia de un accidente o procedan de una enfermedad común). Atendiendo, por tanto, a los crite-

rios presentes en los apartados 5.º y 6.º del art. 1346 CC, **la titularidad de la pensión derivada de una incapacidad permanente debe ser calificada como privativa. En efecto, la pensión derivada de una incapacidad permanente dispensa protección a quien ve mermada su capacidad laboral como consecuencia de una enfermedad o de un accidente: se dirige a compensar un daño que afecta a la persona del trabajador, la ausencia de unas facultades que tenía y que ha perdido, lo que en el futuro le mermará las posibilidades de seguir obteniendo recursos económicos por la aplicación de esas facultades.** El reconocimiento del carácter privativo de la pensión tiene como consecuencia que, después de la disolución de la sociedad, el beneficiario no debe compartir la pensión con su cónyuge (ni, en su caso, con los herederos del cónyuge premuerto)».

Por otra parte, y de acuerdo con el **artículo 1349 del Código Civil**:

«El derecho de usufructo o de pensión, perteneciente a uno de los cónyuges, formará parte de sus bienes propios; pero los frutos, pensiones o intereses devengados durante el matrimonio serán gananciales».

Por lo tanto, de acuerdo con el citado artículo, durante la vigencia de la sociedad de gananciales las cantidades percibidas periódicamente por el cónyuge titular de la pensión por incapacidad permanente absoluta tendrán carácter ganancial. En este **sentido se pronuncia la sentencia de la Audiencia Provincial de Madrid n.º 560/2018, de 25 de junio, ECLI:ES:APM:2018:12270**:

«El reconocimiento del carácter privativo de la pensión tiene como consecuencia que, después de la disolución de la sociedad, el beneficiario no debe compartir la pensión con su cónyuge (ni, en su caso, con los herederos del cónyuge premuerto).

Cuestión distinta es que, en ausencia de norma específica que diga otra cosa, las cantidades percibidas periódicamente durante la vigencia de la sociedad tienen carácter ganancial, dado que el artículo 1.349 del CC no distingue en función del origen de las pensiones y atribuye carácter común a todas las cantidades devengadas en virtud de una pensión privativa durante la vigencia de la sociedad, a diferencia de lo que hacen otros derechos, como el aragonés (artículos 210.2.g y 212 del Código del Derecho foral de Aragón)».

CUESTIONES

1. «A» tiene reconocida una incapacidad permanente absoluta desde el 12 de julio de 2019. «A» y «B» extinguieron la sociedad legal de gananciales el 20 de mayo de 2020, si bien, a «A» le reconocieron por el concepto de atrasos de la pensión por incapacidad permanente absoluta 13.000 euros, que percibió el 16 de septiembre de 2020, con posterioridad a la fecha señalada como extinción de la sociedad de gananciales. ¿Serán gananciales o privativos los atrasos percibidos por «A»?

En este caso el devengo se produce constante el matrimonio por mucho que el pago se verifique con posterioridad, por lo que su devengo es previo a la extinción de la sociedad de gananciales y no coincide con el pago final de los atrasos.

Si bien, existen dos elementos, señalados por el **Tribunal Supremo en su sentencia n.º 1224/2003, de 20 de diciembre, ECLI:ES:TS:2003:8329**, cuya concurrencia permite declarar que una determinada prestación relacionada con los ingresos salariales, directos o indirectos deba tener naturaleza de bien ganancial o privativo y estos son:

a) La fecha de percepción de estas cantidades: si se adquirieron durante la sociedad de gananciales, tendrán esta consideración, mientras que, si se adquieren con posterioridad a la fecha de disolución, deben tener consideración de bienes privativos de quien los percibe.

b) Debe distinguirse el derecho a cobrar estas prestaciones que debe ser como un componente de los derechos de la personalidad, y que por esto mismo no son bienes gananciales porque son intrasmisibles, mientras que los rendimientos de estos bienes devengados durante la vigencia de la sociedad de gananciales tendrán carácter ganancial.

En conclusión, en este caso se cumplen los dos criterios señalados por el Alto Tribunal para apreciar la gananciialidad de los atrasos percibidos por «A»: fecha de percepción y rendimientos de bienes privativos devengados durante la vigencia de la sociedad. Para completar información sobre este supuesto es interesante la consulta de la sentencia de la Audiencia Provincial de Ciudad Real n.º 92/2017, de 27 de marzo, ECLI:ES:APCR:2017:283.

2. Siguiendo el caso anterior, ¿tendrá «A» derecho de reembolso contra la sociedad de gananciales por los gastos judiciales soportados para obtener el reconocimiento de la incapacidad permanente absoluta?

Sí, pues si los rendimientos obtenidos por el reconocimiento de la incapacidad permanente absoluta tienen carácter ganancial, los gastos realizados por «A» para su obtención, que han beneficiado a la sociedad de gananciales, deber ser reconocidos en su mitad a favor de quien realizó el desembolso, en este caso «A» (sentencia de la Audiencia Provincial de Ciudad Real n.º 92/2017, de 27 de marzo, ECLI:ES:APCR:2017:283).

3. «C» percibe y tiene reconocida una pensión de incapacidad permanente absoluta, que percibió en su totalidad constante el matrimonio bajo el régimen legal de gananciales con «D».

Si bien, «C» durante el tiempo que percibía la referida pensión por incapacidad permanente absoluta ha estado desempeñando paralelamente su profesión, por lo que la Seguridad Social reclamó a «C» la devolución íntegra de las cantidades percibidas como pensión por incapacidad. «C» se opuso a dicha reclamación y tampoco hizo frente al pago voluntario de la cantidad objeto de la condena interpuesta por la Seguridad Social.

¿Debe de responder la sociedad de gananciales de las costas y la ejecución de los intereses del referido procedimiento judicial instado por Seguridad Social contra «C»?

En primer lugar, debemos reiterar que el reconocimiento del carácter privativo de la pensión tiene como consecuencia que, después de la disolución de la sociedad, el beneficiario no debe compartir la pensión con su cónyuge (ni, en su caso, con los herederos del cónyuge premuerto).

Cuestión distinta es que, en ausencia de norma específica que diga otra cosa, las cantidades percibidas periódicamente durante la vigencia de la sociedad tienen carácter ganancial, dado que el artículo 1349 del CC no distingue en función del origen de las pensiones y atribuye carácter común a todas las cantidades devengadas en virtud de una pensión privativa durante la vigencia de la sociedad.

En consecuencia, habiéndose percibido la totalidad de las prestaciones mensuales constante el matrimonio de «C» y «D», la totalidad de las prestaciones tienen carácter ganancial.

Sin embargo, quien solicitó el reconocimiento de la incapacidad, quien se opuso a la reclamación judicializada de la Seguridad Social pese a haber desempeñado paralelamente su profesión durante el tiempo en el que percibió la pensión, y quien no hizo frente al pago voluntario de la cantidad objeto de la condena fue únicamente «C», ya que «D» no era parte en el procedimiento, por lo que, no tenía disposición sobre su objeto y no fue condenada.

En conclusión, el procedimiento ejecutivo iniciado a consecuencia del incumplimiento de lo ordenado en la sentencia solo es consecuencia de la conducta de «C», de manera que la sociedad de gananciales no habrá de asumir ni las costas de la ejecución ni los intereses. Es interesante a este respecto la lectura de la sentencia de la Audiencia Provincial de La Rioja n.º 109/2021, de 29 de marzo, ECLI:ES:APLO:2021:148.

Pensión por jubilación

En este caso, debemos atender a si la pensión de jubilación se comenzó a percibir en un momento anterior o posterior a la liquidación de la sociedad de gananciales:

– **Con posterioridad a la disolución del matrimonio**: naturaleza privativa.

– **Con anterioridad a la disolución del matrimonio**: naturaleza ganancial.

Para finalizar, es de interesante consulta la **sentencia del Tribunal Supremo n.º 1249/2004, de 20 de diciembre, ECLI:ES:TS:2004:8246**:

«Sostiene la esposa que **la pensión que cobra el marido se ha obtenido como consecuencia de su trabajo, durante el matrimonio, o bien a costa del caudal común.** En todo caso, estima que la dicha pensión de jubilación, que antes de la separación matrimonial ya cobraba el esposo debido a los cuarenta años que estuvo cotizando para alcanzar la misma, con dinero ganancial, es también ganancial, a cuyo efecto, plantea las dudas que le sugiere el artículo 1.349 y pretende llegar a una solución favorable a sus intereses mediante la aplicación de su criterio interpretativo que juzga el adecuado, según el artículo 3º del Código civil. Empero, referidas pretensiones, centradas en el supuesto de estimar ganancial la pensión que viene percibiendo el esposo por jubilación, no pueden ser atendidas por cuanto que como razona la sentencia de instancia, con criterio que compartimos, debemos remitirnos al artículo 1.362 del Código civil que establece que "serán a cargo de la sociedad de gananciales los gastos que se originen por alguna de las siguientes causas: 1º) el sostenimiento de la familia, la alimentación y educación de los hijos comunes y las atenciones de previsión acomodadas a los usos y a las circunstancias de la familia", es decir, vigente el matrimonio el dinero que cobraba el esposo se encontraba sometido a la obligación de soportar el sostenimiento de la familia, pero una vez disuelto no puede entenderse que subsiste dicha obligación sin que por ello, el camino de considerar como ganancial la pensión del marido sea válido ya que se trata de un derecho personal del trabajador al que no es tampoco aplicable el artículo 1.352».

4.3. Planes de pensiones

En este caso, debemos distinguir entre el plan de pensiones como tal, es decir, el capital total del mismo y las aportaciones realizadas por los cónyuges a dicho plan.

La jurisprudencia es clara al respecto:

- **Capital plan de pensiones**: naturaleza privativa.
- **Aportaciones hechas al plan de pensiones durante la vigencia del régimen económico matrimonial de gananciales**: naturaleza ganancial.

Así, la **sentencia de la Audiencia Provincial de Gipuzkoa n.º 46/2018, de 11 de mayo, ECLI:ES:APSS:2018:500**, razona como sigue:

> «(...) en aras a agotar el razonamiento y dar respuesta a las alegaciones que se realizan en el recurso, diremos que ciertamente como viene a aducirse y siendo el plan de pensión contratado por la Sra. Regina de sistema individual, con arreglo al criterio mayoritario **tanto de la doctrina como de la jurisprudencia, tanto si se ha constituido antes o después de iniciarse el régimen económico de gananciales, dicho plan tiene también carácter privativo**. La titularidad del mismo es necesariamente individual y el evento que determinará en su día su pago corresponde al titular del plan».

Si bien, es claro que la naturaleza del capital de un plan de pensiones tiene carácter privativo, la controversia se centra en la naturaleza privativa o ganancial de las aportaciones efectuadas a dicho plan.

En este sentido, es clara al respecto la **sentencia de la Audiencia Provincial de Lugo n.º 314/2016, de 15 de julio, ECLI:ES:APLU:2016:485**, al establecer:

> «(...) los planes de pensiones son de carácter privativo, así el Tribunal Supremo en su Sentencia de 27 de febrero de 2007 citada ya por el Juzgador de instancia, establece que "la primera nota que distingue los planes de pensiones, es que tiene la finalidad principal de completar otro tipo de retribuciones, como por ejemplo pensiones de jubilación, teniendo en consideración que ello corresponde al ámbito privado y personal del cónyuge que tiene derecho a otra retribución, o pensión, de manera que su nacimiento y su extinción dependen exclusivamente, y de modo estricto, de vicisitudes personales del titular del plan de pensiones (jubilación, fallecimiento, incapacidad, etc.), y en suma, estamos ante un derecho personal del trabajador, no siendo de aplicación el artículo 1358 del Código Civil, de manera que no puede formar parte de los bienes gananciales, pues dicho

plan de pensiones tiende a completar las retribuciones que por cualquier otro concepto venga a percibir dicho titular, de futuro, sin que pueda hacerse partícipe de tal remuneración económica, recibida por dicha vía, al otro cónyuge".

Sin embargo, a diferencia de lo que se sostiene en la sentencia recurrida, **se debe de considerar como gananciales todas las aportaciones realizadas durante el matrimonio a éstos, es decir, las cantidades que se hayan aportado al plan de pensiones, constante el matrimonio siempre que su pago haya sido realizado con dinero ganancial, presumiéndolo que las aportaciones son gananciales al estar afectas a la presunción de gananciabilidad del artículo 1361 del Código Civil**».

Por lo tanto, en relación a las aportaciones al plan que se hayan realizado constante la sociedad de gananciales, en cuyo caso la cantidad final, como ya se ha señalado, se considera privativa, se reconocerá un crédito a la sociedad de gananciales por dichas aportaciones realizadas durante la vigencia de la sociedad (actualizadas), en atención a lo dispuesto en el artículo 1397.3 del CC que señala:

«Habrán de comprenderse en el activo:

(...)

3º El importe actualizado de las cantidades pagadas por la sociedad que fueran de cargo solo de un cónyuge y en general las que constituyen créditos de la sociedad contra este».

En el sentido anterior se pronuncia la **sentencia de la Audiencia Provincial de Huelva n.º 173/2014, de 9 de septiembre, ECLI:ES:APH:2014:993, y la sentencia de la Audiencia Provincial de Madrid n.º 910/2021, de 2 de noviembre, ECLI:ES:APM:2021:11905,** que reza como sigue:

«En este sentido, se pronuncian entre otras la Audiencia Provincial de Huelva en sentencia de 9.9.2014, y la Audiencia Provincial de Madrid (Sección 22ª), sentencia de 29 de enero de 2010, señalando:

"Sin perjuicio de lo anterior, no obstante es cierto que **dicho Plan de pensiones ha podido nutrirse, constante matrimonio, de aportaciones dinerarias que tengan carácter ganancial**, de donde resulta, en fin, que finalizado el matrimonio por divorcio y disuelta la sociedad deban ser reintegradas a la misma las cantidades gananciales aportadas al mismo. Así lo estiman otras Audiencias Provinciales (entre otras, AP León de 22 octubre de 2009, AP Cantabria 5 marzo de 2009, AP A Coruña de 5 octubre 2007, AP A Coruña de 30 marzo de 2006, AP Castellón 27 marzo de 2006, AP León de 7 diciembre de 2005, AP Alicante de 14 abril de 2005, AP Vizcaya de 16 marzo de 2004 y AP Zaragoza de 18 marzo de 2003)" por lo que "existe, en definitiva, un crédito de la sociedad de gananciales, cuyo importe debe comprender el valor actualizado de las cantidades pagadas durante la sociedad de gananciales".

En conclusión, **los planes de pensiones tienen carácter privativo pero se considerarán gananciales todas las aportaciones que se hayan realizado a ese plan constante el matrimonio**».

CUESTIÓN

«A» y «B» casados bajo el régimen económico matrimonial de gananciales, pactan en documento privado que cuando llegue el momento del rescate del plan de pensiones de «A» se repartirá el capital del mismo a partes iguales. ¿Es válido este acuerdo entre los cónyuges?

Si bien, la respuesta a la anterior cuestión parece clara, sobre la presente ha tenido que pronunciarse el **Tribunal Supremo en su sentencia n.º 327/2019, de 6 de junio, ECLI:ES:TS:2019:1982.**

En este caso el tribunal de apelación declaró lo siguiente: «Partiendo de cuanto antecede, del estudio de las actuaciones y tras valoración conjunta de la prueba obrante en autos, cabe decir en este momento que procede la estimación de este recurso por cuanto el fondo de pensiones denominado P.P.E. de CLH, S.A., de inicio y su producto o percepción final es de naturaliza privativa del Sr. Juan Enrique pues está relacionado directamente del contrato de trabajo que une a D. Juan Enrique con la empresa, es una condición impuesta por dicha entidad al Sr. Juan Enrique en dicho contrato como condición de trabajo y por las razones económicas que sean y en beneficio de dicha empresa, **se concierta tal fondo de pensiones cuyos fondos los aporta la empresa y no el trabajador. Es decir, es algo impuesto; no nace de la voluntad privada de las partes ni del matrimonio y no es dinero el de las aportaciones que saliera de dicho matrimonio**».

Sin embargo, en la sentencia del juzgado que fue objeto del recurso de apelación se declaró: «En principio, el plan de pensiones del demandado también habría de considerarse incluido en uno de los acuerdos suscritos por ambas partes, de fecha 2 de febrero de 2009, en que se comprometen a "separar la parte mobiliaria" de los bienes gananciales. En el punto 3 de dicho acuerdo privado pactan que cuando se rescate el plan de pensiones del demandado, "se repartirá a partes iguales". "Efectivamente, así es, porque tampoco proceden mayores disquisiciones sobre el carácter ganancial del importe cobrado por el demandado a consecuencia del plan de pensiones, debiendo estarse a lo expresamente pactado por las partes, aunque dicho documento no fuese elevado a público. Ni cabe discernir sobre si son o no gananciales las aportaciones al plan, o bien deba considerarse así el íntegro importe cobrado por el Sr. Juan Enrique, porque en aplicación de la doctrina de los actos propios, y de las obligaciones asumidas contractualmente (art. 1255 y 1258 CC), el total percibido por el demandado fue considerado ganancial, que debió repartirse por mitad entre los litigantes"».

Así, finalmente el Tribunal Supremo resuelve que, a la vista de lo contemplado en el artículo 1323 del CC, ha de declarar que al margen de la calificación del plan de pensiones como privativo o ganancial, lo que es indiscutible, es que las partes acordaron que el fondo de pensiones de «A» se repartiría a partes iguales llegado el momento de rescate del mismo, **acuerdo que tiene sustento en el principio de libertad de contratación de los cónyuges.**

¿Los planes de empleo se calificarán como privativos o gananciales?

En primer lugar, cabe advertir, que la primera nota que distingue a los planes de empleo de los salarios o de los planes de pensiones contratados por un particular, está en que, si bien, **se trata de una prestación económica a favor de un trabajador, la misma no produce un incremento patrimonial,** si no que las cantidades aportadas por la empresa pasan a formar parte de un fondo de pensiones que será gestionado por un tercero, de manera que, el trabajador no tiene ningún control sobre las cantidades integradas en dicho fondo.

En segundo lugar, **los beneficios que puedan producir dichos planes de empleo, habitualmente, únicamente se percibirán en caso de cumplirse ciertas condiciones,** como pueden ser la jubilación del trabajador, las invalidez absoluta y permanente, la viudedad, la orfandad, entre otras, y mientras tales condiciones no se den, el beneficiario o beneficiaria de estos planes no tendrán ningún derecho a obtener ninguna cantidad.

Por lo que, y en respuesta a la cuestión de si estos planes de empleo son privativos o gananciales, la respuesta es que los mismos son de naturaleza privativa; así lo dispone la **sentencia del Tribunal Supremo, rec. 1552/2000, de 27 de febrero de 2007, ECLI:ES:TS:2007:1179,** con el tenor literal siguiente:

> «Pues bien, siendo la función del Plan de pensiones, cuya ganancialidad se discute en este recurso, la de completar las pensiones de jubilación a que tendría derecho el partícipe/trabajador, D. Lucio en el momento de su retiro, debe considerarse que no forma parte de los bienes gananciales por las mismas razones que esta Sala ha expresado en relación a la pensión de jubilación y por ello, deben estimarse los motivos cuarto, quinto, sexto y séptimo del recurso de casación presentado por D. Lucio y **declararse que el Plan de pensiones concertado a su favor por la empresa donde éste presta sus servicios profesionales tiene la consideración de bien privativo del marido**».

CUESTIÓN

¿Las aportaciones realizadas por la empresa en la que trabaja uno de los cónyuges a un plan de pensiones son privativas o gananciales?

En este caso el plan de pensiones fue abierto por la empresa empleadora de uno de los cónyuges y fue la propia empresa la que ha ido realizando las aportaciones a dicho plan, además estas aportaciones no se han hecho como una parte del salario del cónyuge. Por lo tanto, en este caso tanto el saldo del plan de pensiones como las aportaciones realizadas al mismo por la empresa, tendrán carácter privativo ya que tales aportaciones no han sido satisfechas con dinero de naturaleza ganancial.

4.4. Seguros

En este caso, como en los anteriores, tendremos que distinguir los diferentes tipos de seguros:

- Seguro de vida del que uno de los cónyuges es beneficiario.
- Seguro de vida en el que uno de los cónyuges es el tomador y otro el beneficiario.

- Uno de los cónyuges es tomador de un seguro de supervivencia.
- Otros tipos de seguros.

Seguro de vida del que uno de los cónyuges es beneficiario

El **artículo 1351 del CC** señala:

> «Las ganancias obtenidas por cualquiera de los cónyuges en el juego o las procedentes de otras causas que eximan de la restitución pertenecerán a la sociedad de gananciales».

En este caso no cabe duda de que **la indemnización que se perciba tendrá carácter privativo** del cónyuge beneficiario, en cuanto es beneficiario directo del seguro.

Pero **¿qué ocurre en caso de premoriencia del cónyuge beneficiario del seguro?** La premoriencia del beneficiario al asegurado plantea el problema de la transmisibilidad a los herederos de aquel (el beneficiario). La postura de la doctrina mayoritaria se posiciona en rechazar la transmisibilidad a los herederos salvo en los supuestos contemplados en el artículo 85 de la Ley del Contrato de Seguro (designaciones de beneficiarios como los hijos o los herederos legales). La referida tesis entiende que se ha de asimilar al supuesto de fallecimiento sin designación de beneficiarios o sin poder determinar los mismos pasando a integrar el patrimonio del tomador.

Para responder a la anterior cuestión es interesante atender a lo dispuesto en la **sentencia de la Audiencia Provincial de Ciudad Real n.º 291/2016, de 3 de noviembre, ECLI:ES:APCR:2016:760:**

> «Sin embargo, aquí, la cuestión que se plantea no afecta a la titularidad de la suma correspondiente al rescate de una póliza, o quien sea designado como beneficiario, sino que partiendo de que no existiendo designación de beneficiario en el momento del fallecimiento, ha de integrar su importe el patrimonio del tomador, quién ha de tenerse como tomador a tales efectos. Y ante ello, **la solución no reside en la conceptuación como ganancial o no del rescate o de la prima única del seguro de renta vitalicia**, supuesto citado por la Sentencia de Instancia, **sino quién ha de considerarse tomador a todos los efectos de la póliza suscrita constante la sociedad de gananciales con abono de las primas con cargo a la misma**, siendo asegurado uno de los cónyuges y beneficiario el otro. Y en este sentido si **las aportaciones pueden considerarse gananciales, podemos igualmente considerar a tales efectos que la sociedad conyugal como tomadora real de la póliza suscrita.**
>
> Y ante ello, las opciones son diversas a las planteadas en las Sentencias que cita la Resolución impugnada. Una es entender integra el patrimonio del tomador formal o suscribiente del contrato como tal y asegurado (posición que adopta la Sentencia recurrida) y otra entender que ha de trascenderse al concepto de tomador real, conforme lo dispuesto en el art. 7.2 del Contrato de Seguro, y atendiendo por tal quien cumple con las obligaciones del contrato y con ellas el pago de la prima. Y es en este sentido en

el que entiende la Sala se han de incardinar las pólizas de crédito suscritas teniendo por asegurado al marido y beneficiaria a su mujer, pagadas las primas con cargo a la sociedad de gananciales y reflejando una voluntad conjunta del matrimonio de asegurar el bienestar de la mujer en el caso de sobrevivencia.

Por ello, el recurso ha de ser estimado en estos particulares, en cuanto la conceptuación ganancial del montante de los seguros que revierten al tomador por ausencia de beneficiario.

(...)

En todo caso, y en lo relativo a las pólizas que integraron el patrimonio del esposo a la muerte de la esposa asegurado —ya que las otras hemos entendido revierten en el patrimonio de la sociedad conyugal— no ha de entenderse proceda su inclusión como crédito. Conforme anteriormente se expone, ambos cónyuges, suscribieron con cargo a la sociedad de gananciales una serie de pólizas en las que se designaron recíprocamente beneficiarios. Dichas operaciones, han de incardinarse, dentro del deseo de los mismos de asegurar el bienestar del cónyuge superviviente, y como anteriormente entendimos siendo con cargo a la sociedad conyugal el pago de las primas. **Ello no implica que pagadas o abonadas las mismas por la sociedad de gananciales, proceda su reintegro como crédito a favor de la misma. Y ello por los mismos argumentos que han determinado la consideración de que han de revertir, en el caso de no designación de beneficiario, al patrimonio ganancial, ya que las obligaciones del contrato de seguro eran así asumidas como obligación o carga ganancial».**

CUESTIÓN

«A» está casado con «B» bajo el régimen matrimonial de gananciales y fallece. «A» es tomador de un contrato de seguro colectivo concertado por la empresa para la que trabajaba. «A» antes de contraer matrimonio con «B» designó beneficiarias de dicho seguro a su madre y a su hermana. «B» entiende que la designación de la madre y la hermana de su esposo como beneficiarias del seguro colectivo es nula desde el momento en el que contrajeron matrimonio y, que, al no haber designado nuevos beneficiarios con el acuerdo de ella, es esta (la esposa) la que debe cobrar el capital asegurado. ¿Tendrá éxito en los tribunales la pretensión de «B»?

Un caso similar se resuelve por el Tribunal Supremo en su sentencia n.º 450/1996, de 7 de junio, ECLI:ES:TS:1996:3464, desestimando tal pretensión por entender que la argumentación de la esposa carece de la mínima base legal, y olvida que la póliza en la que el esposo era un asegurado más con facultad de designar beneficiarios entró en vigor meses antes de contraer matrimonio, cuando aún estaba soltero. No existe ningún precepto legal que sustente que el matrimonio posterior suponga por sí mismo una ineficacia de la designación hecha antes si no cuenta con el consentimiento de su cónyuge para mantenerla. No puede obtenerse tal efecto por la vía indirecta de considerar la prima como salario, y por ello como bien ganancial, por lo que el Tribunal Supremo entiende que es gratuito afirmar que se ha producido en este caso un cambio de naturaleza, transformándose en ganancial una vez contraído matrimonio, y que como consecuencia se han modificado automáticamente los efectos del contrato de seguro, válido y eficaz cuando fue contratado.

RESOLUCIÓN RELEVANTE

Sentencia de la Audiencia Provincial de Pontevedra n.º 150/2014, de 25 de abril, ECLI:ES:APPO:2014:1549

«Y ello en razón a encontrarnos ante un seguro de vida de prima única concertado por el esposo en fecha 19/2/2009, en que la entidad aseguradora se obligó a pagar una pensión mensual vitalicia durante el tiempo que medie hasta el fallecimiento del asegurado (el esposo) y un capital en el momento que se produzca el fallecimiento del asegurado en favor de los beneficiarios del seguro (en defecto de designación expresa, los herederos del tomador), en que se considera que la sociedad de gananciales únicamente puede ser acreedora del importe actualizado de las sumas gananciales empleadas para el pago de las primas del seguro (arts. 1358 y 1397-3º CC).

Por cuanto la calificación del producto como privativo radica en su encuadre en el apartado 5º del art. 1346 CC, al tratarse de bienes o derechos patrimoniales inherentes a la persona de uno de los cónyuges y no transmisibles inter vivos, toda vez es obvio que tanto la pensión mensual vitalicia como la cantidad a abonar como consecuencia del fallecimiento del asegurado se hacen depender, bien de su vida, en el caso de la renta vitalicia, bien de su fallecimiento, en el caso de seguro de vida. Y la posibilidad de rescate de la suma asegurada se trata de una facultad asimismo no transmisible, que solamente puede ser ejercitada en vida por el asegurado (en el sentido expresado son de citar las SSAP Valladolid de fecha 25/11/2008 y Madrid de fecha 26/10/2012). Viniendo a señalar también la STS de fecha 30/1/2004 que la sociedad de gananciales no tiene derecho a las cantidades objeto de rescate sino al importe de las cantidades satisfechas con dinero ganancial para el pago de las primas del seguro de vida».

Seguro de vida en el que uno de los cónyuges es el tomador y otro el beneficiario

En este caso no cabe duda alguna que **el capital cobrado por el cónyuge beneficiario tiene carácter privativo**, pues recibirá las cantidades una vez liquidado el régimen matrimonial por muerte del tomador.

Pero en este caso la controversia surge cuando nos preguntamos: **¿qué naturaleza tendrán las primas del seguro pagadas por uno de los cónyuges durante la vigencia de la sociedad de gananciales?** Para responder a esta cuestión es interesante traer a colación la **sentencia del Tribunal Supremo n.º 15/2004, de 30 de enero, ECLI:ES:TS:2004:475**, en la que se señala que es un error referirse al rescate de la prima como valor a satisfacer por el cónyuge tomador del seguro a la sociedad de gananciales, si bien, lo que realmente debe reembolsar este son las cantidades satisfechas con dinero ganancial para el pago de las primas del seguro concertado y no la cantidad recibida como rescate del seguro.

CUESTIÓN

«A» y «B» están separados judicialmente. «A» es tomador de un seguro de vida y como beneficiario su cónyuge. ¿Seguirá siendo «B» beneficiario del seguro de vida suscrito por «A» pese a no ser legitimaria en la herencia de su excónyuge?

Para responder a esta cuestión es muy interesante traer a colación la sentencia del Tribunal Supremo n.º 621/2005, de 15 de julio, ECLI:ES:TS:2005:4846, que señala:

«Si existía separación legal al momento del fallecimiento del asegurado, parece que, en atención a la letra del artículo 85 de la Ley de Contrato de Seguro, el cónyuge sigue siendo beneficiario hasta que no se produzca la efectiva disolución del matrimo-

nio; no obstante, si bien el régimen del seguro de vida en cuanto al capital debido por el asegurador es autónomo respecto a las reglas del Derecho sucesorio, lo cierto es que guardan entre sí una estrecha relación, y, en este sentido, el artículo 834 del Código Civil, que consagra los derechos hereditarios del cónyuge siempre que al morir su causante no se hallare separado o lo estuviera por culpa del difunto, nos proporciona una pauta interpretativa que resulta útil, en atención a que se habrá de determinar a cuál de los esposos le corresponde la culpa de la separación.

En definitiva, procede sentar que el cónyuge viudo, separado, y por tanto sin matrimonio vigente, no tiene derecho a la legítima; sólo la mantiene si consta que la separación se ha producido por culpa del difunto, lo que es difícil de precisar, ya que de ordinario en las sentencias de separación no se hacen declaraciones de culpabilidad o inocencia».

Es conveniente recordar que la referencia en la cuestión anterior al artículo 834 del CC es hecha a la redacción anterior a la reforma en vigor desde el 23 de julio de 2015, si bien, en la redacción actual dicho artículo también nos lleva a entender que la separación legal priva al cónyuge de su condición de beneficiario del seguro.

Uno de los cónyuges es tomador de un seguro de supervivencia

En este caso habría que atender a si el rescate de la prima del seguro se efectúa durante la vigencia de la sociedad de gananciales, si se efectúa una vez disuelta la sociedad de gananciales y si las primas del seguro se han estado pagando con dinero ganancial.

Así, la sentencia de la **Audiencia Provincial de Madrid en su sentencia n.º 824/2014, de 30 de septiembre, ECLI:ES:APM:2014:13310,** resuelve el caso en que el esposo era tomador de un seguro de vida y supervivencia en el que aquel constaba como beneficiario en caso de vida y, para el supuesto de fallecimiento, su madre en el momento de la suscripción, siendo sustituida, con posterioridad, por su esposa e hijos.

El esposo rescata la póliza el 8 de abril de 2009, si bien la fecha de la disolución de la sociedad de gananciales es el 23 de noviembre de 2012. La audiencia entiende que la partida correspondiente al rescate de la póliza pese a haberse efectuado con anterioridad a la disolución de la sociedad de gananciales es privativa en virtud del artículo 1349 del CC, que dispone:

«El derecho de usufructo o de pensión, perteneciente a uno de los cónyuges, formará parte de sus bienes propios; pero los frutos, pensiones o intereses devengados durante el matrimonio serán gananciales».

Por el contrario, la Sala de la Audiencia Provincial de Madrid entiende que las primas de dicho seguro abonadas con cargo al caudal común, durante la vigencia de la sociedad de gananciales, y de acuerdo con lo previsto en el artículo 1397.3.º del CC, deben incluirse en las operaciones particionales de liquidación de la sociedad de gananciales:

«Habrán de comprenderse en el activo:
(...)
3.º El importe actualizado de las cantidades pagadas por la sociedad que fueran de cargo sólo de un cónyuge y en general las que constituyen créditos de la sociedad contra este».

Y así, a la luz de las anteriores previsiones legales, concluye la referida sentencia del siguiente modo:

«(...) respecto de dicha partida, formulan uno y otro litigante, siendo manifiestamente abusiva la que, en vía de impugnación articula la Sra. Adela que, al pretender la inclusión del importe del rescate, sin restar tampoco las primas abonadas durante el matrimonio, acaba, en su planteamiento, por duplicar, en gran medida, el mismo concepto económico.

No mejor suerte ha de alcanzar el planteamiento efectuado de contrario, habida cuenta que la esgrimida inversión del importe obtenido por el rescate en el abono de deudas comunes, o reparto entre los cónyuges de dicho producto, extremos éstos tampoco debidamente acreditados, podría haber tenido su cauce de posible resarcimiento a través de las previsiones del artículo 1398-3ª del Código Civil, en cuanto crédito de dicho litigante frente a la sociedad de gananciales, pero no mediante la fórmula que, de modo novedoso, se esgrime en el trámite del artículo 461 L.E.C.».

También resulta de interés la lectura de **la sentencia de la Audiencia Provincial de Madrid n.º 531/2012, de 26 de octubre, ECLI:ES:APM:2012:17306,** cuyo tenor literal es el siguiente:

«Debe aclararse asimismo que el **crédito de la sociedad de gananciales a incluir en el activo está constituido por el importe actualizado de las cantidades aportadas al tiempo de la liquidación,** tal y como refiere el artículo 1.358 del Código Civil, **sin incluir en ellas, rentas, intereses o beneficios derivados de dichos productos.** Al respecto, la doctrina emanada de la jurisprudencia es clara en el sentido de que la suerte que experimente el producto financiero en cuestión es ajena a la sociedad de gananciales. Ello es así, porque **dicha sociedad de gananciales no es titular del producto, sino que únicamente es acreedora por el importe actualizado de las cantidades invertidas, de forma totalmente desvinculada a su futuro.** En el mismo sentido se pronuncia la SAP Castellón de 27 de marzo de 2.006. Baste recordar la ya citada sentencia del TS, de 30 de enero de 2.004, conforme a la cual, **la sociedad de gananciales no tiene derecho a las cantidades objeto de rescate, sino al importe de las efectivamente invertidas con cargo a dicha sociedad de gananciales.** La actualización del importe deberá efectuarse aplicando al principal adeudado el IPC anual correspondiente, tal y como han sostenido las Audiencias Provinciales. **Se dice que los intereses, frutos o rendimientos percibidos, aunque procedan de un bien privativo, tienen la consideración de gananciales por aplicación de lo dispuesto en el artículo 1.347.2 del Código Civil.** Esta afirmación es cierta, pero también lo es que estos bienes sólo se incluirán en el activo en la medida en que existan al tiempo de la disolución, conforme al art. 1.397.1° del Código Civil y jurisprudencia que lo interpreta, STS de 21 de mayo de 2.004. Por consiguiente, **los frutos consumidos por los cónyuges mientras estuvo vigente la sociedad de gananciales no generan crédito alguno que deba incluirse en el activo.** Por lo que se refiere a los frutos posteriores a la disolución del régimen de gananciales, es evidente que deben considerarse privativos, pues el bien, en este caso, los productos financieros, son de titularidad privativa».

CUESTIÓN

Los créditos que ostente la sociedad de gananciales deben actualizarse al IPC, pero ¿desde cuándo deberá aplicarse tal actualización?, ¿desde la disolución del matrimonio o desde la liquidación del régimen matrimonial?

Siempre al tiempo de la liquidación del régimen matrimonial y no al de la disolución del matrimonio, así se extrae de manera clara del artículo 1358 del CC y de la **sentencia del Tribunal Supremo n.º 224/2022, de 24 de marzo, ECLI:ES:TS:2022:1068**, entre muchas otras, «siendo así las cosas, como así son, a la hora de fijar un índice de actualización consideramos como más ajustada a la finalidad pretendida por el art. 1398.3.ª del CC, que no es otra que actualizar el valor del dinero al tiempo de la liquidación del haber ganancial (...)».

Otros seguros

Sobre las peculiaridades del **seguro de amortización del préstamo** se pronuncia la **sentencia del Tribunal Supremo n.º 488/2019, de 20 de septiembre, ECLI:ES:TS:2019:2915**, indicando que:

«La peculiaridad del presente caso deriva de la naturaleza del seguro concertado, un seguro de amortización del préstamo. En virtud de este seguro, aunque técnicamente se asegura el riesgo que afecta a la integridad física o económica del asegurado, realmente se está asegurando la imposibilidad de obtener ingresos para amortizar el préstamo. De este modo, la entidad prestamista, al ser designada como beneficiaria, refuerza su garantía en el pago del crédito y los prestatarios se liberan de pagar en la cantidad asegurada si ocurre el evento asegurado. En consecuencia, no estamos ante una indemnización privativa cobrada por un cónyuge, sino ante el pago efectuado como consecuencia de un seguro concertado precisamente con la finalidad de amortizar una deuda de la sociedad de gananciales, es decir, con la finalidad de cubrir el riesgo de insolvencia de pago del préstamo hipotecario que, por lo dicho, era una deuda ganancial. Por este motivo, esta sala considera correcto el criterio de la sentencia recurrida y los dos primeros motivos del recurso de casación deben ser desestimados, pues no hay infracción de los arts. 1346 y 1364 CC».

4.5. Farmacias y licencias de taxi

Carácter privativo o ganancial de las licencias de farmacias

En primer lugar, debemos tener en cuenta si la oficina de farmacia se adquirió estando vigente la sociedad de gananciales o si la misma se adquirió por uno de los cónyuges cuando aún no se había constituido la sociedad, como un bien privativo. En este sentido distinguiremos varias situaciones:

Farmacia adquirida antes de la constitución de la sociedad de gananciales por uno de los cónyuges y pagada a plazos

De acuerdo con el artículo 1357 del Código Civil:

> «Los bienes comprados a plazos por uno de los cónyuges antes de comenzar la sociedad tendrá siempre carácter privativo, aun cuando la totalidad o parte del precio aplazado se satisfaga con dinero ganancial».

Sin embargo, **aunque la oficina de farmacia sea un bien privativo, la misma se ha estado pagando a plazos durante la vigencia del matrimonio con dinero ganancial**, por lo que de acuerdo con el artículo 1358 del Código Civil:

> «Cuando conforme a este Código los bienes sean privativos o gananciales, con independencia de la procedencia del caudal con que la adquisición se realice, habrá de reembolsarse el valor satisfecho a costa, respectivamente, del caudal común o del propio, mediante el reintegro de su importe actualizado al tiempo de la liquidación».

JURISPRUDENCIA

Sentencia del Tribunal Supremo n.º 281/2000, de 27 de marzo, ECLI:ES:TS:2000:2428

«En el motivo se combate el pronunciamiento de la sentencia "a quo" que declara, de oficio, la nulidad parcial del documento suscrito por las partes en 26 de enero de 1983, el cual, dice la Sala de instancia, "no puede ser considerado válido como justificante de la adquisición por parte del actor, Sr. Eloy, de lo que el Real Decreto 909/78 de catorce de abril, denomina oficina de Farmacia, en cuanto a sus elementos no patrimoniales, respecto de los cuales el traspaso y autorización administrativas, están reglados por dicho Decreto que desarrolla la Base decimosexta de la Ley de Bases de la Sanidad Nacional. En dicho Real Decreto, se establece con carácter taxativo que 'solo los farmacéuticos, individual o asociados en las formas que se autoricen, podrán ser los propietarios de las oficinas de farmacia'. Al igual que la Ley General de Sanidad de 25-4-1986, que en su art. 103 define las oficinas de farmacia abiertas al público como establecimientos sanitarios y prescribe en su párrafo cuarto que sólo los farmacéuticos podrán ser propietarios y titulares de las oficinas de farmacia abiertas al público".

(...)

Con palabras de la sentencia de 26 de febrero de 1979, "lo que es objeto de la cuestión debatida no lo constituye la intangibilidad o intransmisibilidad de un título universitario ni las atribuciones o facultades inherentes al mismo, sino la naturaleza, en el orden civil, del fondo negocial que constituye la base económica de una farmacia y si, en el presente caso, se trata o no de un bien ganancial" y después de afirmar que "las farmacias son locales de negocio, como así lo tiene declarado la jurisprudencia de esta Sala en sentencias de 24 de enero de 1953, 31 de enero de 1962 y 25 de marzo de 1964", dice esta sentencia de 26 de febrero de 1979 "y así ha de conceptuarse todo establecimiento farmacéutico entendido como tal no sólo el local y elementos accesorios del mismo, sino, como la sentencia recurrida expresa al aceptar el considerando de la de primer grado que así o dice, el negocio o empresa comprensivo de las existencias, clientela, derecho de traspaso y demás que del mismo deriven, siendo dichos local y elementos accesorios el soporte físico de esa actividad negocial"».

|| Farmacia adquirida durante la sociedad de gananciales

En este punto debemos distinguir dos vertientes:

– **Administrativa**. El artículo 103 de la Ley General de Sanidad de 25 de abril de 1986 define las oficinas de farmacia abiertas al público como establecimientos sanitarios y prescribe en su párrafo cuarto que:

> «4. Solo los farmacéuticos podrán ser propietarios y titulares de las oficinas de farmacia abiertas al público».

Tanto lo dispuesto en dicha norma como en la regulación contenida en Ley 16/1997, de 25 de abril, de Regulación de Servicios de las Oficinas de Farmacia, constituye normativa puramente administrativa y sin posible incidencia en el derecho patrimonial, ya que se limitan a regularla titularidad administrativa de las licencias para farmacias (**sentencia del Tribunal Supremo de 17 de octubre de 1987, ECLI:ES:TS:1987:8636**).

– **Civil**. Esta vertiente, sin embargo, está constituida por la denominada base económica de la farmacia que comprende el local de negocio en que se asienta físicamente, las existencias, la clientela, el derecho de traspaso y demás elementos físicos-económicos que configuran los elementos accesorios de la actividad negocial de la farmacia. Pues bien, **esta segunda faceta es la que perfectamente puede ser considerada con posibilidad de constituir un bien ganancial**, siempre que se den los requisitos para ser enclavados en alguno de los tipos especificados en el artículo 1347 del Código Civil.

Por lo tanto, la farmacia fundada durante la vigencia de la sociedad de gananciales puede ser estimada como bien ganancial, ya que constituye una empresa o establecimiento fundado durante la vigencia de la sociedad que regía el aspecto patrimonial del matrimonio (**sentencia del Tribunal Supremo n.° 469/2003, de 14 de mayo, ECLI:ES:TS:2003:3251**).

CUESTIÓN

El local donde se instaló la farmacia es un bien ganancial de ambos cónyuges, si bien, la oficina de farmacia únicamente es regentada por el cónyuge que tiene el título universitario que le habilita para ello. ¿Esta circunstancia convierte la oficina de farmacia en un bien privativo?

No, la oficina de farmacia en este caso es un bien ganancial, pues la farmacia es un local de negocio con establecimiento abierto (una actividad comercial) y no pertenece al cónyuge privativamente por el mero hecho de derivar de la pertenencia de un título académico, pues la circunstancia de estar limitado el ejercicio de tal actividad a las personas que se hallen en posesión del título, no le hace perder el carácter mercantil. En este sentido se pronuncia la sentencia del Tribunal Supremo n.° 603/2017 de 10 de noviembre, ECLI:ES:TS:2017:4217, que señala:

«(...) las farmacias son locales de negocio, como así lo tiene declarado la jurisprudencia de esta sala en sentencias de 24 de enero de 1953, 31 de enero de 1962 y 25 de marzo de 1964, al afirmar que en ellas se realiza, con establecimiento abierto, una actividad comercial, consistente en la preparación y venta de productos medicinales con el lógico deseo de obtener una ganancia, así como en adquirir en los centros productores toda clase de específicos y géneros farmacológicos para igualmente conse-

guir un lucro en la reventa de los mismos, función ésta propia del Código de Comercio en cuanto va incluida en el concepto de actos mercantiles que define el artículo 325 del mismo, sin que la circunstancia de estar limitado el ejercicio de esta actividad negocial a las personas que se hallen en posesión del correspondiente título haga perder el carácter de mercantil a la función que las mismas ejercen, por lo que, en aplicación de lo expuesto al caso objeto del presente recurso, es visto que la sala sentenciadora de instancia no ha violado los artículos que como infringidos se citan, por cuanto en la palabra genérica de bienes a que el artículo 333 del Código Civil se refiere se comprenden todas las cosas o elementos patrimoniales, corporales e incorporales, susceptibles de adquisición y transmisión, y así ha de conceptuarse todo establecimiento farmacéutico, entendido como tal no sólo el local y elementos accesorios del mismo, sino, como la sentencia recuerda expresa al aceptar el considerando de la de primer grado que así lo dice, el negocio o empresa comprensivo de las existencias, clientela, derecho de traspaso y demás que del mismo deriven, siendo dicho local y elementos accesorios el soporte físico de esa actividad negocial, no existiendo tampoco violación del artículo 1401 de mencionado cuerpo legal, por cuanto en el caso presente lo que la recurrente aportó al negocio de farmacia existente al fallecimiento de su esposo fue el título universitario de farmacéutica, que a ella sólo pertenece y que es intransferible, el cual, obtenido después de cursar los correspondientes estudios durante el matrimonio, la capacita para, como titular de una oficina de farmacia, ejercer sus funciones y actividad comercial respecto al negocio que constituye la base económica de la misma y que tiene un indiscutible carácter de bien ganancial, conforme al número primero del artículo 1401 del Código Civil, y como tal ha de incluirse en las operaciones particionales en litigio, porque, referido a la fecha en que la recurrente obtuvo su título universitario y comenzó a regentar la farmacia —diez años después de contraído el matrimonio con el causante—, la adquisición de ésta no se produjo con dinero privativo de aquélla, sino que lo fue a costa del caudal común matrimonial, o al menos así hay que deducirlo en base de la presunción legal del artículo 1407 del Código Civil, que reputa gananciales todos los bienes del matrimonio, mientras no se pruebe que pertenecen privativamente al marido o la mujer, razones éstas que determinan la desestimación del motivo».

Farmacia adquirida antes de la constitución de la sociedad de gananciales como bien privativo

En este caso **la oficina de farmacia tendrá carácter privativo**, pero tanto el aumento de valor en el fondo de comercio de la misma como los frutos y ganancias obtenidos por la explotación del negocio de farmacia, estarán sujetos a las cargas y responsabilidades de la sociedad de gananciales (artículo 1381 del Código Civil).

En este sentido se pronuncia la **sentencia del Tribunal Supremo n.° 15/2004, de 30 de enero, ECLI:ES:TS:2004:475**, cuyo tenor literal es el siguiente:

«El motivo quinto alega infracción del art. 1359 del Código Civil, por entender la sentencia recurrida que "con la letra LL recoge en sus operaciones particionales el contador dirimente debe quedar reducida a 1.394.600 pesetas, que es el valor que se otorga, sin justificación alguna, al stock de medicamentos existente en la farmacia"; a continuación se invoca en el motivo el art. 1360 de aquel Cuerpo legal. Se argumenta en el motivo que la inversión de bienes comunes en la empresa produce, además de unos frutos o beneficios, un incremento del valor de la misma que queda integrado en ella, surgiendo un derecho de crédito que se hará efectivo, según el art. 1359.2°, al tiempo de la disolución de la sociedad o de la enajenación del bien mejorado.

El incremento de valor de los bienes privativos —en este caso, está reconocido el carácter privativo de la farmacia en cuestión a favor del actor recurrido— puede deberse a una doble fuente; la inversión de fondos comunes o a la actividad de cualquiera de los cónyuges, de acuerdo con el párrafo segundo del art. 1359, aplicable a un establecimiento de farmacia en virtud de la remisión que hace el art. 1360. En cuanto a que el incremento de valor tenga su origen "en la actividad de cualquiera de los cónyuges", es unánime la doctrina científica en considerar que no debe de tenerse en cuenta la dedicación habitual del cónyuge propietario, ya que tal dedicación responde a la buena administración que todo cónyuge procura hacer de sus bienes propios y porque la sociedad de gananciales se beneficia con el producto de la actividad del cónyuge propietario, incluso teniendo una cualificación profesional específica. En consecuencia, no puede, en este caso, tomarse en cuenta el posible incremento de valor del negocio de farmacia debido a la dedicación habitual de su propietario privativo; no estando acreditado que la ahora recurrente haya colaborado con su actividad a la explotación del negocio.

Y el cuanto a la inversión de fondos comunes, la única que resulta acreditada es la realizada para la compra de los productos a vender, existentes al momento de la disolución de la sociedad de gananciales, es decir, la fecha fijada en el fundamento segundo de esta resolución. En este sentido procede la estimación del motivo».

Carácter privativo o ganancial de las licencias de taxi

El caso de las licencias de taxi es un supuesto similar a lo que ocurre con las farmacias, que en ocasiones resulta difícil o imposible separar la licencia administrativa del negocio de explotación, y parece claro que debe configurarse necesariamente como elemento accesorio e imprescindible de la actividad negocial, como puede ser el propio taxi o la clientela.

La doctrina señala que es preciso determinar, en primer lugar, la naturaleza del negocio de explotación, y que en tal sentido deben distinguirse dos facetas:

– La primera vendría determinada en la **normativa que establece los requisitos administrativos** para el ejercicio de la actividad (Reglamento Nacional de los Servicios Urbanos e Interurbanos de Transportes en Automóviles Ligeros, aprobado por Real Decreto 763/1979, de 16 de marzo).

– La segunda, constituida por la denominada **base económica del negocio**, que comprendería los medios en los que se basa físicamente, clientela, derecho de traspaso y demás elementos físico-económicos que configuran los elementos accesorios de la actividad negocial de explotación.

Y es la segunda faceta la que perfectamente puede ser constituida como bien ganancial, siempre que concurran los requisitos para la subsunción en alguno de los supuestos del artículo 1347 del CC.

Así, la **sentencia del Tribunal Supremo, rec. 1555/2000, de 4 de abril, ECLI:ES:TS:2000:2230**, como ejemplo concreto de licencia de taxis, reza como sigue:

> «(...) configurándose la licencia en el primer sentido expuesto como una "titularidad formal o simplemente administrativa", y estando además acreditada su posibilidad de transmisión, con arreglo al artículo 14 del referido Reglamento Nacional de Servicios Urbanos e Interurbanos de Transportes en automóviles ligeros, aprobado por Real Decreto 763/79, de 16 de marzo, y su contenido económico expuesto, **no sólo cabe negar el carácter personalísimo de los derechos anudados a ella sino que debe considerarse la licencia como un bien ganancial en cuanto base económico-necesaria de la explotación del negocio,** como así lo ha considerado la sentencia impugnada, en razón al dato objetivo incontrovertido de que se ha tratado de un bien adquirido en constante matrimonio y con fondos gananciales».

A TENER EN CUENTA. La doctrina anterior también será aplicable para estancos y administraciones de lotería.

4.6. Premios de lotería

Señala el **artículo 1351 del CC:**

> «Las ganancias obtenidas por cualquiera de los cónyuges en el juego o las procedentes de otras causas que eximan de la restitución **pertenecerán a la sociedad de gananciales».**

A la vista de lo anterior, es claro que un premio de lotería obtenido vigente **el régimen matrimonial de gananciales será ganancial.**

Tampoco cabrá duda, en el caso de estar casados bajo un régimen económico matrimonial de separación de bienes, que **el premio pertenecerá de manera privativa al cónyuge que compró el boleto premiado.**

Pero ¿qué ocurre en el caso de que casados bajo el régimen matrimonial de gananciales los cónyuges estén separados de hecho y el premio de lotería le toque a uno de ellos en ese lapso de tiempo? Para responder a esta cuestión es preciso destacar lo dispuesto en la **sentencia del Tribunal Supremo n.º 238/2007, de 23 de febrero, ECLI:ES:TS:2007:1038,** que entiende que **la libre separación de hecho excluye el fundamento de la sociedad de gananciales, que es la convivencia mantenida entre los cónyuges.** Por lo que, **es la separación de hecho la que determina, por exclusión de la convivencia conyugal, que los cónyuges pierdan sus derechos** a reclamarse como gananciales bienes adquiridos por estos después del cese efectivo de la convivencia, pero siempre que ello obedezca a una separación fáctica, no a una mera interrupción de la convivencia, es decir, **debe ser una separación de la convivencia seria, prolongada y demostrada** por los actos subsiguientes de formalización judicial de la separación y siempre que los referidos bienes se hayan adquirido con caudales propios o generados con su trabajo, industria a partir del cese de la convivencia.

Por ejemplo, en un caso en el que los cónyuges lleven separados de hecho nueve meses y uno de ellos dentro de ese periodo de tiempo adquiera un boleto de lotería premiado con su dinero privativo, pese a que su régimen matrimonial sea de gananciales, el premio será privativo del cónyuge que ha adquirido el boleto premiado.

CUESTIÓN

«A» y «B» están casados bajo el régimen matrimonial de gananciales. A «B» le toca un premio en la lotería nacional de 37.000 € y usa 14.000 € para liquidar el préstamo existente sobre la vivienda familiar con el conocimiento de «A». Un año después de haber recibido el premio, «A» y «B» se divorcian de mutuo acuerdo y suscriben un convenio regulador homologado judicialmente en el que se omitió incluir los 37.000 € procedentes del premio de lotería, que era dinero ganancial de conformidad con lo establecido en el artículo 1351 del CC. «A», 4 años después de realizada la liquidación del régimen matrimonial, presenta demanda contra su excónyuge, «B», en la que solicita la adición a la liquidación de gananciales del importe del premio de lotería que ganó «B» cuando todavía no se había disuelto el régimen económico. ¿Prosperará la pretensión de «A» en los tribunales?

No, en este caso «B» no ha ocultado la adición a la liquidación del premio de lotería de una manera dolosa ni fraudulenta, tampoco la omisión se determina por un consentimiento viciado por error sustancial que permitiera la anulación de la liquidación conforme a las reglas generales de invalidez de los negocios jurídicos.

En este sentido, cabe mencionar la sentencia del Tribunal Supremo n.º 645/2022, de 5 de octubre, ECLI:ES:TS:2022:3605, que señala, para un caso muy similar al que aquí nos ocupa, que es posible llegar a la conclusión de que la omisión de bienes conocidos por ambos cónyuges en la liquidación practicada de mutuo acuerdo puede comportar una renuncia que impide reclamar posteriormente el complemento o la adición. De la misma manera que en tales circunstancias la cláusula por la que las partes manifiestan darse por pagadas en su haber puede considerarse como una renuncia.

Por lo que, en este caso, nos encontramos con una liquidación de la sociedad de gananciales querida como tal por ambos cónyuges, en la que no se incluyó el dinero sobrante del premio de lotería cobrado por «B» a sabiendas de su existencia y, en este sentido, por tanto, **no procede la acción de adición o complemento de la liquidación pretendida por «A»**, pues de acuerdo con la jurisprudencia mayoritaria, su conducta es reveladora de una posición, clara, terminante e inequívoca de que no pretendía reclamar nunca el dinero, de modo que el ejercicio de la acción cuatro años después de la liquidación resulta contrario a las exigencias de buena fe.

Otro caso similar lo encontramos en la sentencia del Tribunal Supremo n.º 177/2018, de 3 abril, ECLI:ES:TS:2018:1228.

4.7. Negocios

Distinción atendiendo al momento de fundación del negocio

Antes de entrar en el análisis de casos concretos de negocios que se pueden dar en el matrimonio y de los que pueden derivar problemas a la hora de determinar el carácter privativo o ganancial de los mismos, cabe plantear la siguiente distinción en base a la regulación general del Código Civil:

‖ Negocio fundado durante la vigencia de la sociedad

Si se trata de un negocio —empresa o establecimiento— fundado durante la vigencia de la sociedad hay que distinguir lo siguiente:

- Si es fundado **por uno, cualquiera de los cónyuges, a expensas de bienes comunes**: será ganancial (art. 1347.5.º del CC).

- Si concurre **capital privativo y capital común**: en este caso, conforme al artículo 1354 del CC, pertenecerá proindiviso a la sociedad de gananciales y al cónyuge o cónyuges en proporción al valor de las aportaciones respectivas.

- Si es adquirido **constante la sociedad por uno de los cónyuges y por precio aplazado**: tendrá carácter ganancial o privativo según la naturaleza correspondiente al primer desembolso, independientemente de cómo se satisfagan los restantes plazos (art. 1356 del CC). No puede obviarse aquí la posibilidad de reembolso prevista en el artículo 1358 del CC.

CUESTIÓN

¿Qué sucederá con los instrumentos necesarios para el ejercicio de una profesión u oficio?

En este caso, como se infiere del artículo 1346.8.º del CC, los instrumentos serán privativos de cada uno de los cónyuges, si bien se exceptúan de esta regla aquellos que sean parte integrante o pertenencias de un establecimiento o explotación de carácter común.

RESOLUCIÓN RELEVANTE

Sentencia del Tribunal Supremo n.º 396/2024, de 19 de marzo, ECLI:ES:TS:2024:1578

Rendimientos de un negocio ganancial obtenidos después de la disolución del régimen económico. Indemnización por ocupación del local privativo en el que se desarrolla el negocio.

«(...) Liquidación de la sociedad postconsorcial. Deuda de la sociedad frente al esposo consistente en el coste de alquiler del local de su propiedad privativa donde radica el negocio ganancial.

> *El motivo primero se estima porque es cierto, como ha venido sosteniendo el recurrente a lo largo de todo el procedimiento, que a efectos de la liquidación de la sociedad postganancial debe valorarse el coste de ocupación del local privativo en el que estaba instalado el negocio.*
>
> *El derecho de la comunidad a gozar de los bienes privativos de los cónyuges (del que es reflejo el art. 1347.2.º CC, que considera gananciales los frutos que producen los bienes privativos) termina cuando se produce la disolución del régimen económico matrimonial, de modo que, disuelta la sociedad de gananciales, la comunidad no tiene derecho a gozar de los bienes privativos y, si lo hace, procede su indemnización al propietario.*
>
> *En este caso se ha calificado el negocio de bar-cafetería como ganancial, y también han sido calificados como gananciales sus rendimientos netos obtenidos durante la sociedad postganancial, que deben incluirse en el activo del inventario. Pero además, por lo dicho, también procede incluir en el pasivo del inventario la deuda de la sociedad frente al esposo consistente en el coste de alquiler del local de su propiedad privativa donde radica el negocio ganancial, durante el tiempo transcurrido desde la disolución de la sociedad de gananciales hasta la liquidación, lo que se determinará en la liquidación.*
>
> *En consecuencia, el motivo primero del recurso de casación se estima, porque no es correcto rechazar la inclusión en el pasivo de la deuda de la sociedad con el marido propietario del local con el argumento de que sería un crédito nuevo generado después de la disolución por no existir un previo contrato de arrendamiento».*

|| Negocio fundado antes de la vigencia de la sociedad

En el caso de negocios previos a la sociedad de gananciales hay que tener en cuenta lo previsto en el artículo 1357 del CC del que se deduce el carácter privativo de aquellos. Esto es así con independencia de que la totalidad o parte del precio aplazado se satisfaga con dinero ganancial sin perjuicio de la obligación de reembolso prevista en el artículo 1358 del CC.

CUESTIÓN

En el caso de mejoras o incrementos patrimoniales de la explotación, establecimiento mercantil o género de empresa de que se trate, ¿cuál será la regla para determinar su naturaleza?

El artículo 1360 del CC remite en este sentido a lo previsto en el artículo 1359 del CC del que se deduce que las mejoras o incrementos tendrán el mismo carácter que los bienes a los que afecten, sin perjuicio del reembolso del valor satisfecho en su caso. Añade, además, el artículo 1359 del CC, párrafo 2.º, que «No obstante, si la mejora hecha en bienes privativos fuese debida a la inversión de fondos comunes o a la actividad de cualquiera de los cónyuges, la sociedad será acreedora del aumento del valor que los bienes tengan como consecuencia de la mejora, al tiempo de la disolución de la sociedad o de la enajenación del bien mejorado».

Asimismo, a los efectos de determinar el carácter ganancial o privativo de un negocio y demás elementos relacionados con él, también cabe traer a colación en materia de **liquidación de la sociedad de gananciales** lo previsto en el artículo 1406 del CC. Este precepto recoge la preferencia de que se incluya en el haber de cada cónyuge la explotación económica que gestione efectivamente y el local donde venga ejerciendo su profesión.

Incremento del valor del negocio privativo durante el matrimonio

No existiendo duda sobre la naturaleza privativa de las participaciones en una empresa, se pueden plantear problemas a la hora de determinar el carácter ganancial por el incremento de valor de la empresa durante el matrimonio.

Pues bien, en el caso de mejoras o incrementos patrimoniales de una explotación, establecimiento mercantil o de cualquier otro género de empresa **¿cuál será la regla para determinar su naturaleza?** Para dar respuesta a esta cuestión el artículo 1360 del CC remite en este sentido a lo previsto en el artículo 1359 del CC, del que se deduce que las mejoras o incrementos tendrán el mismo carácter que los bienes a los que afecten, sin perjuicio del reembolso del valor satisfecho en su caso.

No obstante lo anterior, el artículo 1359 del CC, párrafo 2.º, añade que en el caso de mejoras o incrementos derivados de la inversión de fondos comunes o de la actividad de cualquiera de los cónyuges, la sociedad será acreedora del aumento del valor que los bienes reciban como consecuencia de aquellos.

En relación con lo anterior resulta interesante la **sentencia de la Audiencia Provincial de A Coruña n.º 369/2019, de 18 de octubre, ECLI:ES:APC:2019:2229**, en la cual se resuelve un recurso de apelación planteado contra la sentencia de instancia por la que se niega la inclusión en el inventario ganancial de un derecho de crédito de la sociedad de gananciales por el incremento de valor de la empresa durante la vigencia del matrimonio, en tanto entiende que no queda acreditado, en consonancia con los artículos 1359 y 1360 del CC, que la mejora deriva de la inversión de fondos comunes o de la actividad de cualquiera de los cónyuges sobre el bien privativo.

La sentencia de apelación confirma la exclusión por falta de prueba del citado derecho de crédito en el inventario ganancial. Para llegar a este punto, señala, ante la pretensión de que se incluya en el inventario de la sociedad de gananciales el incremento de valor de las participaciones sociales del negocio privativo de uno de los cónyuges por la participación del otro tanto con su trabajo como con la aportación de fondos y asunción de riesgos, que:

- Para que la sociedad de gananciales sea acreedora del citado incremento ha de acreditarse la colaboración del cónyuge no titular de manera decisiva en el negocio.

- Respecto de la aplicación de fondos comunes, «(...) si los beneficios que se obtienen de una empresa privativa son bienes gananciales (artículo 1.347 del código Civil), éstos se compensan con los gastos de la sociedad conyugal que sirven para el mantenimiento regular del negocio (art. 1362.4.º del Código Civil) (...)». En este sentido ha de acreditarse que los fondos comunes invertidos en una ampliación o expansión de la empresa proceden del ahorro familiar, lo cual no sucede en el caso planteado.

CUESTIÓN

«A» está casado con «B» en régimen de sociedad de gananciales. «A» explota el negocio de su padre previamente al fallecimiento de este y continúa una vez se produce aquel. «A» decide aportar el negocio, constante el matrimonio, para la constitución de una sociedad a cambio de lo cual se le atribuye un porcentaje de las acciones.

Ante la decisión de liquidar la sociedad de gananciales se plantean dudas a la hora de determinar el carácter del nuevo negocio surgido. Entonces, ¿el negocio sería privativo de «A» o ganancial al haber contribuido la sociedad conyugal a su constitución?

Pues bien, tratándose de un negocio heredado de su padre, su titular sería «A», es decir, tendría carácter privativo. Lo que realmente se produjo no fue la creación de un negocio diferente y nuevo a cargo de la sociedad de gananciales, sino una transformación y ampliación del negocio privativo ya existente durante la vigencia de aquella y con cargo a sus fondos que no hace que «A» pierda su titularidad y pase a compartirla con la sociedad de gananciales.

Con arreglo a los artículos 1359 y 1360 del Código civil, esta última solo tiene derecho al reembolso del valor satisfecho actualizado, esto es, un derecho de crédito contra el aportante, de suerte que «A» será deudor a la sociedad de gananciales constituida con «B» de la cantidad invertida por la sociedad en la transformación y ampliación del negocio que había aportado.

No sería aplicable en este caso la atribución de carácter ganancial en base al artículo 1347.5.º del CC, en tanto, este hace referencia a la creación de empresas individuales con fondos comunes o con fondos comunes y privativos.

En este supuesto resulta de interés la **sentencia del Tribunal Supremo n.º 731/1999, de 18 de septiembre, ECLI:ES:TS:1999:5603.**

Caso contrario al previsto en la cuestión anterior se plantea en la **sentencia de la AP de Cádiz n.º 58/2022, de 20 de enero, ECLI:ES:APCA:2022:88**, en ella la controversia versa sobre el carácter privativo o ganancial de un laboratorio en el que trabaja uno de los cónyuges, el cual se considera ganancial toda vez que no resulta acreditada su constitución previa al matrimonio. Señala así que:

«Esta Sala **no estima suficientemente acreditado que el negocio de laboratorio para el ejercicio de la actividad de protésico dental se constituyera antes del matrimonio.** Aun cuando pueda ser cierto que el apelante iniciara su ejercicio profesional auxiliando a su tío y aprendiera de él, no podemos entender acreditado que le transmitiera el negocio ni que éste fuera anterior a contraer matrimonio. (...) Por tanto, no podemos estimar acreditado que el negocio del laboratorio de protésico dental fuera constituido por el hoy apelante para el ejercicio de su actividad profesional antes de contraer matrimonio, habiéndose acreditado, por el contrario, que dicho negocio se empezó a ejercer, primero, en el domicilio familiar, como así declaró el testigo Don Avelino, que empezó a trabajar en la vivienda familiar y posteriormente pasó a trabajar en el laboratorio de la CALLE000; sin que esta valoración quede desvirtuada por la declaración de este testigo relativa a que llevaba tiempo trabajando y a que su tío el transmitió los enseres y clientela, porque, además de ser contradicho por la vida laboral, ello no acredita que el negocio de laboratorio se constituyera antes del matrimonio, sino sólo que el Sr. Arcadio ejercía su actividad profesional desde antes de contraer matrimonio, que no es lo mismo.

Sentado lo anterior, estimándose que lo que se ha denominado negocio de laboratorio de la CALLE000 fue constituido vigente el matrimonio, se ha de analizar si nos encontramos ante una empresa o establecimiento fundado durante la vigencia de la sociedad de gananciales, de carácter ganancial, conforme al artículo 1347.5° CC.

En la sentencia recurrida, se estima aplicable al caso la doctrina jurisprudencial que se recoge en la STS 603/2017, de 10 de noviembre.

(…)

5.- En el presente caso litigioso, a la vista de los hechos probados, hay que concluir que no nos encontramos ante el mero ejercicio de una actividad profesional. Con independencia de su denominación y de que desde el inicio la clínica se identificara con el nombre del marido, en los servicios prestados predomina el aspecto objetivo de la estructura y la organización mediante la apertura al público de un establecimiento en el que hay cuatro sillones de dentista y en el que trabajan, además de D. Fidel y del personal auxiliar, una ortodoncista y otros dos odontólogos. Así lo confirma el que la clínica funcione incluso muchas mañanas mientras él trabaja en el Sergas. El recurrido, por tanto, no se limita a desarrollar personalmente la actividad profesional que le es propia, sino que por el modo en que la ejercita ha dado lugar a un entramado de instrumentos que determina la aplicación del art. 1347.5.° CC.

Por ello, procede casar la sentencia de la Audiencia que, al calificar la clínica como bien privativo, ha infringido el art. 1347.5.° CC y, asumiendo la instancia, confirmamos en este punto la sentencia del Juzgado de Primera Instancia».

Acciones o participaciones

En el caso de las **acciones o participaciones** el Código Civil contiene una regla específica que determina su carácter privativo en los siguientes términos:

Artículo 1352 del CC

«Las nuevas acciones u otros títulos o participaciones sociales suscritos como consecuencia de la titularidad de otros privativos serán también privativos. Asimismo lo serán las cantidades obtenidas por la enajenación del derecho a suscribir.

Si para el pago de la suscripción se utilizaren fondos comunes o se emitieran las acciones con cargo a los beneficios, se reembolsará el valor satisfecho».

Consagra este precepto el **principio de subrogación real** y así establece la **sentencia del Tribunal Supremo n.° 277/2003, de 24 de marzo, ECLI:ES:TS:2003:2005**, que:

«(…) Las acciones o títulos suscritos —efecto o bien subrogado— como consecuencia de la titularidad de otros privativos —bien subrogante—; aunque, en realidad, en el supuesto de hecho no existe sustitución de unos bienes, los antiguos, por otros, los nuevos, sino que éstos se incorporan al patrimonio del cónyuge respectivo en razón al derecho social que le corresponde por ser ya titular de otras acciones, se podría decir, como en el derecho de retracto, que **la causa privativa es la titularidad del cónyuge, socio de la sociedad, en cuya virtud ejercita su derecho social a suscribir nuevos títulos, y por ello, su efecto o resultado de la suscripción también será privativo —principio de equivalencia—.** El artículo introduce dentro del Código Civil una institución propia del Derecho mercantil de sociedades, que por su frecuente acaecimiento en la actual vida de la familia y su indiscutible peso en el campo de los intereses entre las distintas masas patrimoniales ha exigido esta ordenación. El derecho de suscripción preferente, pues, está recogido en su amplio alcance: ya se trate de que el cónyuge titular —socio de la sociedad— suscriba nuevas acciones, ya se trate de otros títulos o participaciones».

Asimismo, el artículo 1352 del CC contiene una nueva manifestación del **derecho de reembolso**, pero ¿en qué casos opera?

- En el caso de que se pague la **suscripción de las nuevas acciones con fondos comunes**, las cuales mantienen el carácter de las anteriores sin perjuicio del derecho de la sociedad de gananciales a resarcirse del valor satisfecho.

- En el supuesto en que **las acciones se emitan con cargo a los beneficios**. En este punto hay que partir de la regla general que atribuye a los beneficios a que tiene derecho el cónyuge titular de las acciones el carácter ganancial (art. 1347.2.º del CC), así pues, cuando esos beneficios sirven para compensar el precio de las nuevas acciones suscritas del modo previsto, parece lógico, independientemente del carácter privativo de las acciones, que surja el derecho de reembolso a favor de la sociedad.

En el mismo sentido de lo anterior, resulta especialmente interesante la **sentencia del Tribunal Supremo n.º 298/2020, de 15 de junio, ECLI:ES:TS:2020:2184**, en que, para proceder al aumento del capital social, vigente la sociedad de gananciales, se emitieron nuevas participaciones. En el caso planteado, las nuevas participaciones se adjudicaron tanto a la sociedad ganancial como a cada uno de los cónyuges privativamente, por lo tanto, «(...) se genera un derecho de crédito a favor de la sociedad de gananciales, en tanto en cuanto las reservas, que encierran beneficios no repartidos, fueron aplicadas a adjudicar a los cónyuges participaciones de su exclusiva titularidad; mientras que, por el contrario, las reservas destinadas a la emisión y adjudicación de participaciones gananciales no generan ningún derecho de crédito a favor de la sociedad conyugal, al convertirse precisamente en bienes de aquélla naturaleza, que serán objeto del oportuno reparto en las operaciones liquidatorias, sin generar ningún derecho de crédito de la sociedad de gananciales (...)».

CUESTIÓN

¿Cuál es la naturaleza de los beneficios destinados a reservas por una sociedad de capital de la que es socio uno de los cónyuges? ¿Existe en este caso, una vez disuelta la sociedad de gananciales, un derecho de crédito contra el cónyuge accionista o partícipe por las ganancias sociales no repartidas?

Existe controversia en las audiencias provinciales a la hora de responder a estas cuestiones que se refleja en dos posturas, de un lado, los que sostienen que la sociedad de gananciales ostenta un derecho de crédito por las reservas constituidas mientras duró el matrimonio frente al cónyuge titular privativo de las acciones o participaciones sociales, y de otro lado, los que están en contra de la inclusión de los beneficios destinados a reservas en el activo de la sociedad de gananciales.

La cuestión se resuelve por la **sentencia del Tribunal Supremo n.° 60/2020, de 3 de febrero, ECLI:ES:TS:2020:158**, que establece las siguientes conclusiones:

– Los beneficios destinados a reservas, en tanto en cuanto pertenecen a la sociedad de capital, sometidos al concreto régimen normativo societario, no adquieren la condición de bienes gananciales.

– Los dividendos, cuyo reparto acordó la junta general de socios, tienen naturaleza ganancial.

– No pierden tal condición jurídica y deberán incluirse como activo de la sociedad legal de gananciales, los beneficios cuyo acuerdo social de reparto se hubiera acordado vigente la sociedad ganancial, aunque su efectiva percepción se materialice tras la disolución de la misma.

– En los supuestos de fraude de ley, los beneficios no repartidos se podrán reputar gananciales, y como tales incluidos en las operaciones liquidatorias del haber común.

Cuotas de un contrato de *leasing*

En relación con la celebración de un contrato de *leasing* y la inclusión de las cuotas del mismo en el activo de la sociedad de gananciales es interesante el caso planteado en la **sentencia del Tribunal Supremo n.° 493/2017, de 13 de septiembre, ECLI:ES:TS:2017:3270**. Se trata de un supuesto en el que uno de los cónyuges celebra un contrato de leasing antes de la celebración del matrimonio y ejerce la opción de compra años después una vez disuelta la sociedad de gananciales constituida.

La primera cuestión que puede plantearse es determinar el **carácter del bien adquirido en virtud de aquel contrato**, pues bien, no se entiende discutible aquí la **naturaleza privativa** del bien adquirido que deriva de la aplicación de los puntos 1.° y 4.° del artículo 1346 del CC, en tanto la adquisición de la propiedad deriva del ejercicio del derecho de opción incluido en el contrato de leasing previo al matrimonio.

El segundo problema puede derivar de la propia **naturaleza del contrato de *leasing***, se trata de un contrato atípico y complejo **distinto de la compraventa a plazos y del préstamo de financiación al comprador, así como del arrendamiento**, a pesar de la denominación de «arrendamiento financiero» con la que se ha incorporado a nuestro ordenamiento.

Se define por el Alto Tribunal como aquel contrato en que la entidad arrendadora cede al arrendatario financiero el uso del bien que ha adquirido siguiendo las indicaciones de este último, quien a su vez se compromete al pago periódico de unas cuotas y recibe la posesión y el derecho a usar el bien y a adquirir su propiedad si ejercita la opción de compra una vez finalizado el contrato.

Al determinar las cuotas que ha de pagar el arrendatario financiero se distinguía el cálculo en función de la amortización del coste de adquisición del bien por la entidad arrendadora y en función del tipo de interés. En este sentido, diferenciando la parte correspondiente a la recuperación del coste (o cuota de amortización) y la parte correspondiente a la «carga financiera» («cuota de intereses» o «rendimientos») se entendía que la parte correspondiente a la carga financiera satisface al arrendador por la cesión del uso del bien. Dicho esto, se pretendía que esta distinción fuese tenida en cuenta a los efectos de determinar las cantidades que han de ser inventariadas para la liquidación de la sociedad de gananciales.

El argumento anterior se desestima en tanto señala la referida sentencia que:

> «1.ª) Las **cuotas constituyen la prestación que debe satisfacer el arrendatario financiero en un contrato complejo y atípico de indiscutible naturaleza financiera** que le permite, mediante una financiación externa, utilizar el bien y adquirir su propiedad.
>
> (...) Por su propio carácter de carga financiera esta parte de la cuota no puede identificarse con el pago del uso del bien porque no es una contraprestación de la cesión del uso.
>
> 2.ª) A efectos de determinar las cargas de la sociedad, debe recordarse que **la regulación de la sociedad de gananciales no contiene una presunción de ganancialidad de las deudas.** Cuando para la adquisición de un bien privativo (es aceptado por ambas partes que los inmuebles en cuestión lo son), se emplean fondos comunes (lo que, conforme al art. 1361 CC se presume y, en el caso, no ha sido discutido), la **sociedad es acreedora del cónyuge propietario del bien por el valor satisfecho** (en el momento de la liquidación, art. 1397.3.º CC).
>
> 3.ª) Cierto que el art. 1362.3.ª CC pone **a cargo de la sociedad los gastos de administración ordinaria de los bienes privativos**, pero entre los gastos de administración ordinaria deben entenderse comprendidos los gastos de mantenimiento y conservación, **pero no los costes necesarios para la adquisición del bien** (tampoco los financieros).
>
> 4.ª) Tampoco el art. 1362.4.º CC permite considerar como carga de la sociedad los costes de adquisición y financieros abonados como contraprestación de los derechos de un contrato de leasing privativo, pues para ello sería preciso calificarlos como gastos por la exploración "regular" del negocio, lo que no sucede cuando de lo que se trata es, como ocurre en el presente caso, de gastos dirigidos a la creación, establecimiento o instalación por el recurrente de una actividad empresarial privativa (consistente en el caso en el alquiler a terceros de los inmuebles objeto del contrato de leasing)».

4.8. Viviendas

A la hora de determinar el **carácter ganancial o privativo de una vivienda**, en sentido amplio, hay que hacer referencia a las siguientes normas **con carácter general:**

- **Carácter privativo** de la vivienda si conforme al artículo 1346 del CC:
  - Pertenecía a uno de los cónyuges al comienzo de la sociedad de gananciales.
  - Se adquiere después a título gratuito.
  - Se adquiere a costa o en sustitución de bienes privativos.
- **Carácter ganancial**, según el artículo 1347.3.º del CC, si se adquiere a título oneroso a costa del caudal común, se haga la adquisición para la comunidad o para uno solo de los cónyuges.

Asimismo, fuera de los casos anteriores, hay que tener en cuenta el juego de los artículos relativos a la **adquisición de bienes cuando, de una u otra forma, intervienen elementos gananciales y elementos comunes.** Pues bien, en relación con esto, el **artículo 1354 del CC** señala que «los bienes adquiridos mediante precio o contraprestación, en parte ganancial y en parte privativo, corresponderán proindiviso a la sociedad de gananciales y al cónyuge o cónyuges en proporción al valor de las aportaciones respectivas».

Mayores problemas surgen en los casos de que el **pago de la vivienda se haga a plazos**, atribuyéndole, en el caso de que se adquiera constante la sociedad, el artículo 1356 del CC carácter privativo o ganancial en función de la naturaleza del primer desembolso, independientemente del pago de los plazos restantes. Y **¿qué sucede con las viviendas compradas a plazos por uno de los cónyuges antes de comenzar la sociedad?** Pues en este supuesto el artículo 1357 del CC les atribuye, en todo caso, carácter privativo, independientemente de que el total o parte del precio aplazado se satisfaga con dinero ganancial.

Esta última regla favorable al carácter privativo encuentra su **excepción en el caso de la vivienda y ajuar familiares** en el que el citado artículo 1357 del CC remite a la regla general del artículo 1354 del CC para determinar su naturaleza.

Pues bien, a la vista de lo hasta aquí expuesto, la vivienda, entendida en un concepto amplio, se ajustará a las reglas generales vistas en cuanto a la adquisición de los bienes, por lo que se reconoce su carácter privativo o ganancial en función de la naturaleza de los pagos o el momento de la adquisición.

CUESTIONES

1. «A» adquiere a plazos una vivienda en el año 2015, posteriormente contrae matrimonio con «B» en régimen de sociedad de gananciales. «A» continúa, una vez constituida esta, atendiendo los pagos de aquella vivienda algunos de los cuales se abonan a costa del caudal común. Entendiendo que la citada vivienda no constituye vivienda familiar, ¿cuál será su naturaleza?

Para determinar la naturaleza de la vivienda en este supuesto hay que acudir a lo previsto en el artículo 1357, párrafo primero, del CC en virtud del cual la vivienda tendrá siempre carácter privativo. Esto será así con independencia de que parte del precio aplazado se satisfaga con dinero ganancial y sin perjuicio, en este caso, del derecho de reembolso de la sociedad de gananciales previsto en el artículo 1358 del CC.

En este sentido en cuanto al derecho de reembolso la jurisprudencia ha señalado reiteradamente que la atribución del carácter ganancial a un bien no convierte en ganancial al dinero empleado para su adquisición, y debe reembolsarse el valor satisfecho a costa del caudal propio, mediante el reintegro de su importe actualizado al tiempo de la liquidación, si no se ha hecho efectivo con anterioridad (STS n.° 128/2022, de 21 de febrero, ECLI:ES:TS:2022:627).

2. ¿Qué sucede cuando «A», casado en sociedad de gananciales con «B», adquiere a plazos una vivienda no familiar constante la sociedad y el primer pago lo hace a costa de su patrimonio privativo? ¿Y si ese primer pago lo hace «A» a costa del caudal común?

En este caso, entra en juego el artículo 1356 del CC de manera que la vivienda tendrá la naturaleza del primer desembolso, es decir, será privativa en el primer caso en tanto el primer pago es privativo, y ganancial en el segundo pues el desembolso inicial es ganancial. Lo anterior se entiende así sin perjuicio de que los plazos restantes se abonen a costa de caudal ganancial o privativo, respectivamente.

Vivienda familiar

Supuesto distinto, como ya se ha visto, será el caso de la vivienda entendida como vivienda familiar en la que será de aplicación la regla prevista en el artículo 1354 del CC por remisión del artículo 1357 del CC, de manera que la misma **pertenecerá proindiviso a la sociedad de gananciales y a los cónyuges en función de las aportaciones** respectivas de cada uno.

En relación con el **concepto de vivienda familiar**, la **sentencia de la AP de Valencia n.° 543/2019, de 11 de septiembre, ECLI:ES:APV:2019:3617**, refleja la existencia de jurisprudencia contradictoria a la hora de determinar si la vivienda familiar es una o pueden tener tal consideración varias a los efectos de la aplicación del artículo 1354 del CC. En este sentido, señala:

«Según algunas opiniones doctrinales, y jurisprudencia menor, sí en algún momento de la vigencia de la sociedad de gananciales se realizaron **pagos con cargo a la sociedad de gananciales, el derecho de ésta se consolidó, aunque con posterioridad la vivienda perdiera el carácter de familiar.** Pero también se ha sostenido la **opinión contraria**, conforme a la cual, **deberá estarse para determinar el carácter ganancial o privativo de la vivienda, a la condición que tuviera en el momento de la disolución de la sociedad de gananciales.** Según esta tesis, si la vivienda familiar pierde esta condición antes de disolverse la sociedad de gananciales, no sería aplicable el artículo 1357.2 del C.Civil, sin perjuicio de los posibles reembolsos que procederían por los pagos de la vivienda realizados con cargo a fondos gananciales».

Pues bien, en el caso planteado se entiende como vivienda familiar aquella «(...) donde de manera permanente y estable y como centro de convivencia íntima, han venido habitando los esposos e hijos hasta el momento de producirse la crisis del matrimonio», por lo tanto, considera la audiencia que es difícil sostener la existencia de varias viviendas familiares, sino que solo cabe tal consideración en una de ellas, sin perjuicio de que durante el matrimonio hubieran sido varias las existentes.

En consonancia con lo anterior, defiende la **aplicación de la regla del artículo 1357, párrafo segundo, del CC que remite al artículo 1354 del CC solo a aquella que tenga la consideración de vivienda familiar en el momento de la disolución de la sociedad conyugal**. Para llegar a esta conclusión se funda en lo siguiente:

- Para la liquidación de la sociedad de gananciales ha de estarse al momento de la disolución como fecha a la que han de referirse los bienes, derechos y deudas existentes en ese momento.

- El régimen del artículo 1354 del CC es un régimen privilegiado para la protección de la vivienda familiar que solo puede ser una.

- La finalidad de la liquidación es partir el haber común, constituye, por tanto, un obstáculo traer a colación *pro indivisos* de viviendas que solo tuvieron la condición de familiares en otros momentos anteriores del matrimonio.

Supuestos que pueden plantearse en relación con la vivienda familiar:

‖ Vivienda adquirida y pagada antes del matrimonio íntegramente ‖ por uno de los cónyuges

Cabe tener presente, antes de examinar este supuesto, que la regla prevista en el artículo 1357 del CC y, por lo tanto, la exclusión que hace el mismo con remisión al artículo 1354 del CC de la vivienda familiar, se refiere a aquellos casos en que la adquisición se efectúe a plazos. Pues bien, a la vista de lo anterior **¿qué sucede cuando no es así, es decir, cuando el pago del precio no se aplaza?**

Un caso de este tipo se plantea en la **sentencia de la AP de Ourense n.º 486/2019, de 11 de diciembre, ECLI:ES:APOU:2019:837**, en la cual se excluye del activo patrimonial de la sociedad una vivienda y el ajuar familiar toda vez que resulta acreditado que la adquisición de la finca y la construcción de la vivienda se llevaron a cabo íntegramente por uno solo de los cónyuges y con anterioridad al matrimonio sin que se demuestre aportación alguna ganancial o a cargo del otro cónyuge.

Se entiende que aquí no entra en juego la regla del artículo 1357.2.º del CC y su remisión al artículo 1354 del CC, toda vez que, **no es un caso de pago aplazado, sino que este se efectuó previamente al matrimonio y de forma íntegra por uno de los cónyuges**. Señala la meritada sentencia, que la citada regla «(...) se circunscribe a que los futuros esposos hagan aportaciones privadas, antes de casarse, para la adquisición de la que va a ser la vivienda familiar, y una vez casados paguen los plazos restantes, constante matrimonio, con dinero ganancial. Tal supuesto no es en absoluto el que se presenta en este caso, pues no se trata de la adquisición de una vivienda con precio aplazado, pagándose parte del precio constante matrimonio, sino que toda la inversión para la adquisición del terreno y la construcción de la edificación se realizó antes de la celebración del matrimonio».

Concluye, por tanto, que «(...) **habiéndose construido la vivienda en su integridad**, sin perjuicio de alguna obra menor realizada durante el matrimonio, **con dinero privativo del esposo, no puede atribuírsele la condición de ganancial** (...)».

‖ Vivienda ganancial por atribución de los cónyuges ‖ independientemente de las aportaciones

Ante un caso de adquisición de una vivienda por uno de los cónyuges antes del matrimonio con pago aplazado, posteriormente escriturada por ambos como ganancial, es decir, ambos cónyuges atribuyen de mutuo acuerdo carácter ganancial a la vivienda en el sentido previsto en el artículo 1355 del CC, y ello con independencia de las distintas aportaciones efectuadas para el pago de aquella, se determina el **carácter ganancial de la vivienda (STS n.º 98/2020, de 12 de febrero, ECLI:ES:TS:2020:394)**.

En este caso el carácter ganancial deriva de la voluntad de ambos cónyuges y, aun en el caso de que esto último ofreciese dudas, si no se prueba que todos los pagos se hicieron con dinero de uno de los cónyuges, regirá la presunción de gananciabilidad respecto del dinero empleado durante la vigencia de la sociedad.

Así pues, la citada sentencia señala que:

> «En atención a lo anterior, a pesar de que literalmente el art. 1355 CC se refiere a la adquisición a título oneroso "durante el matrimonio", debe tenerse en cuenta que, dada la amplitud con la que el art. 1323 CC admite la libertad de pactos entre cónyuges, ampara los desplazamientos patrimoniales entre el patrimonio privativo y ganancial y, en consecuencia, ampara que de mutuo acuerdo los cónyuges atribuyan la condición de ganancial tanto a un bien privativo como a un bien en parte ganancial y en parte privativo.
>
> En consecuencia, con apoyo en el art. 1323 CC, la calificación del inmueble como ganancial realizada por la sentencia recurrida debe mantenerse pues, aunque la parte recurrente pudiera llevar razón sobre la improcedencia de la aplicación del art. 1355 CC, tal apreciación carece de lo que en numerosas resoluciones hemos dado en llamar efecto útil, dado que la calificación de ganancial procedería igualmente».

No obstante lo anterior, la inclusión de la vivienda en el activo ganancial debe acompañarse del **reconocimiento de un crédito a favor del cónyuge que adquiere previamente al matrimonio por el importe actualizado del dinero privativo que empleó en la adquisición**, en tanto no conste renuncia a aquel. En este sentido destaca, entre otras que cita, **la sentencia del Tribunal Supremo n.º 415/2019, de 11 de julio, ECLI:ES:TS:2019:2341**.

Vivienda adquirida por un cónyuge o por ambos antes del matrimonio a plazos con pagos previos privativos y posteriores gananciales

Constituye este un ejemplo claro de la regla contenida en el artículo 1354 del CC por remisión del artículo 1357.2.º del CC en relación con la vivienda familiar. Pues bien, cuando uno o, en su caso, ambos cónyuges, antes de contraer matrimonio, adquieren la vivienda familiar con pago aplazado de manera que abonen el precio en parte con dinero privativo y en parte con dinero ganancial, la cuestión se resuelve atribuyendo la vivienda en proindiviso a la sociedad de gananciales y al cónyuge o cónyuges en proporción a las aportaciones de cada uno de ellos.

En relación con lo anterior resulta altamente ilustrativa la **resolución de la DGSJFP de 29 de julio de 2022** que con referencia a la doctrina jurisprudencial establece:

«Como afirmó el Tribunal Supremo en Sentencia de 3 de abril de 2000, "aparece clara la intención del legislador sobre la exclusión del carácter privativo de la compraventa a plazos, anterior al matrimonio, de la vivienda familiar, la cual corresponderá proindiviso a la sociedad de gananciales y al cónyuge o cónyuges en proporción al valor de sus aportaciones respectivas. De manera que el Juzgador de instancia ha aplicado los preceptos indicados de forma adecuada, sin contradecir la doctrina contenida en la STS de 23 de marzo de 1992, la cual considera la copropiedad de los esposos en proporción a sus aportaciones respectivas en un supuesto en el cual aquellos habían comprado conjuntamente la vivienda antes de contraer matrimonio y pagado parte del precio en estado de soltería, con dinero privativo de cada uno de ellos y el resto, durante el matrimonio, con dinero ganancial, sino que la tiene en cuenta y sigue correctamente". Como puso de relieve la Sentencia del mismo Tribunal de 31 de octubre de 1989, se trata de evitar el abuso que supondría, quien conociendo la proximidad del matrimonio, adquiere una vivienda, mediante un crédito pagadero durante mucho años, en buena medida mediante fondos gananciales».

CUESTIONES

1. «A» y «B» adquieren una vivienda, que se constituirá en vivienda familiar, por importe de 200.000 euros. En el momento de la compra «A» abona 50.000 euros y «B» 20.000 euros. El resto del importe lo abonan a plazos los cuales son atendidos inicialmente por «B» en un importe de 40.000 euros.

«A» y «B» se casan en régimen de sociedad de gananciales abonando a partir de ese momento los plazos pendientes a costa del caudal común, lo que supone un total de 90.000 euros. ¿La vivienda tendrá la condición de privativa o de ganancial?

En este caso la vivienda corresponde proindiviso a la sociedad de gananciales y a los cónyuges en los siguientes porcentajes:

– «A» tiene un 25 por ciento de la vivienda privativa.

- «B» tiene un 10 por ciento inicial y el 20 por ciento de las cuotas abonadas previamente al matrimonio, es decir, el 30 por ciento de la vivienda privativa.

- El 45 por ciento restante le corresponde a la sociedad de gananciales por las cuotas abonadas a costa del caudal común. Este porcentaje se distribuirá entre los dos cónyuges en el momento de la liquidación de la sociedad de gananciales conforme al artículo 1404 del CC.

2. En un caso como el anterior cuando la adquisición de la vivienda con carácter previo no se haga por los dos futuros cónyuges sino solo por uno, ¿cómo será la distribución?

En este caso la regla a aplicar será la misma, si bien, el cónyuge adquirente tendrá el porcentaje privativo que corresponda del bien según lo que haya abonado previamente al matrimonio, perteneciendo el resto a la sociedad de gananciales en proindiviso. El no adquirente, por su parte, no tendrá porcentaje privativo, en tanto no hace abono alguno con este carácter, de suerte que solo le corresponderá sobre la vivienda la parte que se le atribuya en el momento de la liquidación de la sociedad de gananciales.

En relación con estos supuestos surgieron dudas en aquellos casos en que los cónyuges conciertan **un préstamo hipotecario para abonar el precio aplazado de la vivienda.** Se planteaba la necesidad de determinar si el pago del préstamo hipotecario o solicitado para abonar el precio de la compraventa del inmueble se equipara al pago aplazado del precio.

Pues bien, esta cuestión se ha resuelto por el Tribunal Supremo declarando de forma reiterada que **son plenamente equiparables las amortizaciones de la hipoteca solicitada para el pago del precio y los pagos de una compraventa a plazos (resolución de la DGSJFP de 29 de julio de 2022).** Así declara la **STS n.º 465/2016, de 7 de julio, ECLI:ES:TS:2016:3146,** que:

«(...) las cantidades del préstamo hipotecario abonadas constante matrimonio conllevan que se le atribuya a dicho bien, en esa parte, el carácter ganancial, perteneciendo en proindiviso por esa cuota al activo de la sociedad de gananciales, lo que tendrá efecto a la hora de incluir en el inventario los abonos efectuados por el IBI de la vivienda».

Para terminar, cabe hacer referencia como supuesto diferente a los anteriores, a aquel en que **uno de los cónyuges usa caudal propio para amortizar préstamos obtenidos y que son a cargo de la sociedad de gananciales.** En este caso, el referido cónyuge ostenta un **derecho de crédito contra la sociedad** y no se encuentra en situación de proindiviso con la sociedad de gananciales. Así se infiere del **artículo 1364 del CC:**

«El cónyuge que hubiere aportado bienes privativos para los gastos o pagos que sean de cargo de la sociedad tendrá derecho a ser reintegrado del valor a costa del patrimonio común».

Resulta relevante en este punto la **sentencia del Tribunal Supremo n.º 645/2006, de 19 de junio, ECLI:ES:TS:2006:3716,** cuando dice:

«(...) Se viene a operar así de modo similar al supuesto de bienes adquiridos mediante precio, en parte ganancial y en parte privativo, contemplado en el artículo 1.354 del Código Civil (desde la reforma que significó la Ley 11/1981, de 13 de mayo) en el que la propiedad corresponde proindiviso a la sociedad de gananciales y al cónyuge o cónyuges en proporción al valor de las aportaciones respectivas, pues en tal caso la participación del cónyuge que invirtió dinero privativo en la adquisición se refleja en un porcentaje de la propiedad del bien. Pero se trata de algo distinto cuando, como aquí sucede, lo ocurrido es que uno de los cónyuges ha aplicado caudal propio para la amortización de los préstamos obtenidos y que son de cargo de la sociedad, supuesto en que lo que ostentará será un crédito contra la misma actualizable con arreglo a los índices de depreciación de la moneda que es a lo que se refiere el artículo 1.398-3° del Código Civil en relación con el artículo 1.364 del mismo Código (...)».

4.9. Vehículos

A la vista de las reglas generales ya reiteradamente expuestas en otros temas respecto de los bienes existentes en el matrimonio, cabe plantear las siguientes situaciones en las que se pueden encontrar los vehículos a la hora de liquidar una sociedad de gananciales y determinar su carácter privativo o ganancial.

Vehículo privativo de uno de los cónyuges

Se considera el coche como bien privativo, en primer lugar, en base al artículo 1346.1.° del CC, cuando el coche le perteneciera a uno de los cónyuges antes de comenzar la sociedad de gananciales.

En segundo lugar, también se considerará privativo **el vehículo adquirido por uno solo de los cónyuges con su patrimonio privativo y sin perjuicio del derecho del otro cónyuge al reembolso de lo que haya aportado privativamente a su adquisición.** En este punto resulta especialmente interesante la sentencia de la **AP de Ourense n.° 482/2022, de 29 de junio, ECLI:ES:APOU:2022:669**, en la que se plantea el caso de un matrimonio casado en separación de bienes en que uno de los cónyuges adquiere un coche con la aportación dineraria de una parte de su valor por el otro cónyuge. Se trataría aquí de un bien privativo del cónyuge adquirente. El no adquirente simplemente realizó una aportación para una adquisición privativa, de la cual tendrá derecho de reintegro.

En tercer lugar, el vehículo será privativo, además, cuando se considere instrumento necesario para el ejercicio de la profesión u oficio de uno de los cónyuges.

A la vista de las reglas generales ya reiteradamente expuestas en otros temas respecto de los bienes existentes en el matrimonio, cabe plantear las siguientes situaciones en las que se pueden encontrar los vehículos a la hora de liquidar una sociedad de gananciales y determinar su carácter privativo o ganancial.

77

CUESTIONES

1. «A» casado con «B» en régimen de sociedad de gananciales, trabaja como profesor en una autoescuela, si bien utiliza para ello su vehículo propio. ¿Será este privativo o ganancial?

Con carácter general, a la vista de lo previsto en el artículo 1346.8.° del CC, se considera el vehículo como instrumento necesario para que «A» ejerza su profesión por lo que se trata de un bien privativo.

2. Si el coche fue comprado para que «A» ejerza su profesión con fondos comunes, ¿perderá el carácter privativo?

No, en este caso la sociedad será acreedora de «A» por el valor del coche abonado con cargo al patrimonio ganancial.

3. Si «A» y «B» son propietarios de la autoescuela donde el primero de ellos trabaja como profesor, ¿será privativo o ganancial el coche?

Será ganancial en tanto forme parte integrante del establecimiento de carácter común.

Vehículo como bien ganancial

En un matrimonio casado en régimen de sociedad de gananciales, si du-rante el mismo adquieren un vehículo, la regla general es atribuirle a este el carácter ganancial, siempre que no se pruebe que la adquisición no se hizo a costa del caudal común y sin perjuicio de que la adquisición sea para la comunidad o para uno solo de los cónyuges (art. 1347.3.° del CC).

Si el vehículo es de ambos cónyuges, adquirido antes del matrimonio, les pertenecerá proindiviso sin que tenga carácter ganancial. Y si se adquiere por precio aplazado, ¿qué sucede? Pues si los pagos se atienden con dinero privativo y con dinero ganancial pertenecerá proindiviso a la sociedad de gananciales y a uno o a los dos cónyuges en proporción a las aportaciones respectivas (art. 1354 del CC).

Si solo se adquiere por uno de los cónyuges constante la sociedad por precio aplazado tendrá la naturaleza del primer desembolso según este sea ganancial o privativo, con independencia de cómo se hagan los restantes pagos y sin perjuicio, en su caso, del derecho de reembolso que correspon-da por el valor satisfecho o bien por el cónyuge no adquirente, o bien por la sociedad de gananciales.

Sin embargo, será, en todo caso, privativo si la adquisición es de uno solo de los cónyuges y previa a la sociedad de gananciales, aun cuando el precio aplazado se satisfaga con dinero ganancial (art. 1357 del CC). No olvidando aquí la posibilidad de reembolso (art. 1358 del CC).

Todo ello se entiende sin perjuicio de la atribución del carácter ganancial que efectúen los cónyuges de mutuo acuerdo que prevalecerá cualquiera que sea la naturaleza del dinero empleado en la adquisición.

CUESTIÓN

Un matrimonio casado en sociedad de gananciales decide comprar un coche para uso familiar. A uno de los cónyuges le pertenece privativamente otro vehículo que decide entregar en el momento del pago a la casa de compraventa de coches a cambio de una cantidad la cual a su vez se aporta al pago del nuevo coche. ¿Será este último privativo o ganancial?

Un supuesto análogo se plantea en la **sentencia de la AP de Madrid n.º 371/2022, de 11 de mayo, ECLI:ES:APM:2022:5410**, a la vista de la cual se puede dar respuesta a esta cuestión atribuyendo al coche carácter ganancial, y teniendo el cónyuge que efectúa la aportación privativa derecho de reintegro.

RESOLUCIÓN RELEVANTE

Sentencia de la Audiencia Provincial de Bizkaia n.º 1130/2022, de 28 de noviembre, ECLI:ES:APBI:2022:2669

«1.- Frente a la sentencia que excluye esta partida del activo ganancial porque nada se acredita sobre su existencia y cuantía por quien pretende su inclusión conforme el art. 217 de la LEC, en concreto, haberse satisfecho parte del precio del vehículo adquirido en el 2000 con dinero ganancial, recurre la Sra. Ariadna interesado su inclusión en el inventario. Considera que se ha acreditado que el mencionado vehículo fue adquirido por el Sr. Carlos Ramón en fecha 31 de octubre de 2000 en estado de soltero (el matrimonio fue contraído el 29 de junio de 2002), y que se ha pagado con dinero ganancial, siendo la valoración del mismo durante el primer año posterior a su matriculación de 12.800 euros. Por lo que debe ser incluido ya que fue abonado con dinero ganancial el vehículo privativo del Sr. Carlos Ramón, que debe ser valorado en el citado importe como mínimo de 12.800 euros, habiéndose vulnerado los arts. 1.357 y 1.397 del Código Civil.

Se opone el recurrido Sr. Carlos Ramón alegando que, si bien dicho vehículo fue adquirido por el Sr. Carlos Ramón en agosto de 2000, el mismo ha sido utilizado y conducido por la Sra. Ariadna para acudir a su puesto de trabajo y proveer a la familia durante todo el matrimonio hasta la ruptura de la convivencia en junio de 2016.

2.- Efectivamente ha sido acreditado que, a pesar de que dicho vehículo aparece como titular desde su matriculación el 1 de agosto de 2000 D. Carlos Ramón, de la póliza de seguros consta como conductora y tomadora del seguro la también recurrente Dña. Ariadna, y por la propia Sra. Ariadna se ha reconocido por e-mail que dicho vehículo es un bien ganancial < folio 133 de autos>, por lo que durante más de dieciséis años ha sido consumido y gastado su vida útil en interés de la sociedad de gananciales.

A mayor abundamiento confirmamos lo resuelto en la instancia de que no se ha demostrado por la parte apelante ni el precio de compra del mencionado vehículo ni mucho menos cómo y cuánto se pagó con dinerario ganancial, ya que no consta ninguna documentación de pago sobre los supuestos plazos aplazados del precio de adquisición del mencionado vehículo, ni siquiera movimientos bancarios de las cuentas familiares que acrediten dichos pagos, por lo que existe una absoluta falta de cuantificación del crédito que se reclama. Es totalmente improcedente su cuantificación por el valor fiscal del vehículo durante el primer año posterior a su matriculación de 12.800 euros, que nada tiene que ver con lo que es objeto de reclamación sobre cuantificación de un supuesto derecho de crédito al amparo de los art. 1.357 y 1.397.3 del Código Civil. Es decir, no se ha acreditado ni la fecha ni el montante de cada cuota en su caso abonada del precio aplazado del vehículo, por lo que no se puede precisar el quantum del crédito pretendido, ni siquiera las bases para su liquidación posterior, al desconocerse por qué precio se adquirió, modo de pago, fechas e importes de cada cuota de pago, procedencia del dinero para pago etc.

(...)

1.- Contra lo resuelto en la instancia, que excluye como crédito ganancial contra el Sr. Carlos Ramón el importe de 1.155,17 euros, a que ascendió la factura de reparación del anterior vehículo de diciembre de 2017 < folio 134 de autos>, justo antes de *la sentencia de divorcio (31 de enero de 2018) en virtud del art. 1.362 del Código Civil al ser calificada como deuda contraída en ejercicio de la administración ordinaria, recurre la Sra. Ariadna denunciando infracción de los arts. 1.357 y 1.397.3 del Código Civil al atribuir a dicho vehículo de motor el carácter de bien privativo y haber sido utilizado tras el divorcio por el Sr. Carlos Ramón.*

El apelado se opone al considerar que la cantidad destinada a mantener operativo el mencionado vehículo, que se destinó a atender a las necesidades de la familia y a la propia actividad laboral de los cónyuges, no es una carga exclusiva del Sr. Carlos Ramón, siendo de aplicación lo dispuesto en los arts. 1.362 y 1.365 del Código Civil al ser una deuda contraída en el ejercicio de la administración ordinaria en cuanto se ha reconocido que se trata de una reparación del vehículo familiar.

2.- Tampoco existe discrepancias de los hechos acreditados, sobre que el importe de 1.155,17 euros fue satisfecho en diciembre de 2017 para la reparación del vehículo familiar, vigente la sociedad de gananciales, que fue disuelta por sentencia de divorcio el 31 de enero de 2018.

Y la solución dada en la resolución recurrida debe ser mantenida, puesto que, en el peor de los casos, lo que no ha sido admitido en el precedente fundamento de derecho, el mantenimiento y conservación de un bien privativo no generan derecho de reembolso, porque tales gastos son de cargo de la sociedad de gananciales por imperativo del art. 1362.3º Código Civil, al ser el disfrute de los bienes privativos de la sociedad de gananciales igualmente por mor del art. 1347.2 del Código Civil».

¿Qué sucede si al tiempo de la liquidación de la sociedad de gananciales ya no existe el coche?

Es necesario tener en cuenta en este punto que en la práctica es frecuente que el momento del divorcio y la liquidación de la sociedad de gananciales no coincidan de manera que, en el tiempo intermedio, los bienes pueden perder o ganar valor, tener gastos o incluso desaparecer. Esta circunstancia se suele plantear en los coches frecuentemente pues el paso de los años les afecte de forma relevante de ahí que surja la polémica a la hora de determinar su carácter privativo o ganancial.

A estos efectos hay que destacar la doctrina jurisprudencial consolidada por la cual el momento de valoración del bien se fija en el momento de la liquidación de la sociedad de gananciales (**STS n.º 517/2014 de 14 de enero de 2015, ECLI:ES:TS:2015:272, y SAP de Valladolid n.º 4/2016, de 12 de enero, ECLI:ES:APVA:2016:32**).

Entonces, si el coche ganancial ya no existe en el momento de la liquidación y esto no se debe a la actuación dolosa o negligente de alguno de los cónyuges, el mismo no se incluirá en la liquidación de la sociedad de gananciales.

En el caso de que el coche se atribuya al uso de uno de los cónyuges entre tanto no se efectúa la liquidación de la sociedad, **¿podrá el otro en este momento solicitar la inclusión del coche ganancial por el valor que tenía en el momento de la disolución?** No, en este caso el bien sigue siendo ganancial y se deprecia por el uso de forma ordinaria, por consiguiente, al igual que cuando se incrementa su valor, la pérdida del mismo se aplicará a ambos cónyuges independientemente de a quien se haya atribuido el uso.

Caso diferente será cuando se **haya adquirido a plazos y ambos cónyuges hayan continuado atendiendo los pagos del bien ganancial**. Desaparecido el coche en este supuesto habrá que ver la naturaleza del dinero empleado en esos pagos:

- **Si se atienden con dinero ganancial**, en tanto no se ha liquidado aún la sociedad, el cónyuge que no tiene atribuido el uso no podrá reclamar nada en el momento de la liquidación.

- **Si se atiende con dinero privativo por parte del cónyuge que no tiene su uso**, tendrá este un derecho de crédito contra la sociedad de gananciales en el momento de la liquidación por el importe privativo abonado.

En tanto no se efectúa la liquidación de la sociedad es obligación de los cónyuges **atender los pagos de los plazos pendientes**, sigue siendo bien ganancial mientras no se liquide. En este mismo sentido deben **atender los demás gastos** que surjan respecto del bien común, siendo ambos responsables, aunque solo uno lo use. El uso se atribuirá por acuerdo de ambos o atendiendo a las circunstancias de la familia, judicialmente.

Para terminar, ha de señalarse que, en el momento de la liquidación, el coche podrá atribuirse a uno de los cónyuges, abonando al otro la parte que le corresponda, o bien, venderlo distribuyendo el importe en la proporción correspondiente.

4.10. Joyas

Para dar respuesta a esta cuestión resulta relevante, por un lado, el artículo 1346.7.º del CC el cual declara el **carácter privativo de las ropas y objetos de uso personal que no sean de extraordinario valor**. De lo anterior parece deducirse que las joyas que no tengan extraordinario valor tendrían carácter privativo.

En relación con la norma anterior, también cabe destacar el artículo 1406 del CC que reconoce, en el momento de la liquidación de la sociedad de gananciales, la **preferencia de uno de los cónyuges a que se incluya en su haber aquellos bienes de uso personal que no sean privativos** y no incluidos en los previstos en el citado artículo 1346.7.º del CC.

A las joyas les serán aplicables, asimismo, las normas generales respecto de la **atribución de su carácter ganancial o privativo**, esto es:

- Se presumen gananciales si no se demuestra el carácter privativo (art. 1361 del CC).

- Tendrán el carácter ganancial o privativo atribuido de mutuo acuerdo por los cónyuges (art. 1355 del CC).

- Pertenecerán *pro indiviso* a la sociedad de gananciales y al cónyuge o cónyuges en proporción a las aportaciones gananciales y privativas que se efectúen respectivamente (art. 1354 del CC).

CUESTIONES

1. En un matrimonio en sociedad de gananciales uno de los cónyuges compra con su sueldo un reloj al otro por su cumpleaños. Declarando de mutuo acuerdo dicho bien como privativo, en el momento de la liquidación ¿cuál será su carácter?

En base al artículo 1355 del CC, el reloj tendrá carácter privativo de suerte que así lo han decidido de mutuo acuerdo los cónyuges y ello aun cuando la adquisición se hizo con dinero ganancial.

2. Adquirido un collar de perlas por uno de los cónyuges durante la sociedad de gananciales para uso de la mujer, ¿cuál será su condición?

Se trata, en este caso, de un bien ganancial a la vista de la presunción de gananacialidad prevista en el artículo 1361 del CC y el juego de los artículos 1347.3.º y 1355.2.º del CC.

En consonancia con el último punto relativo al artículo 1354 del CC, cabe traer a colación el concepto de ajuar familiar al que hace referencia el artículo 1357 del CC cuando lo exceptúa junto con la vivienda familiar de la regla prevista en el mismo y lo remite a la aplicación de lo establecido en el referido artículo 1354 del CC.

En este sentido, define la RAE el ajuar doméstico como «conjunto de ropas, mobiliario y enseres de la vivienda habitual que no sean alhajas, objetos artísticos o históricos u otros de extraordinario valor». Además, aunque el CC no establece norma especial sobre el ajuar doméstico, sí alude a él en los términos siguientes:

Artículo 1320.1.º del CC

«Para disponer de los derechos sobre la vivienda habitual y los muebles de uso ordinario de la familia, aunque tales derechos pertenezcan a uno solo de los cónyuges, se requerirá el consentimiento de ambos o, en su caso, autorización judicial».

Artículo 1321 del CC

«Fallecido uno de los cónyuges, las ropas, el mobiliario y enseres que constituyan el ajuar de la vivienda habitual común de los esposos se entregarán al que sobreviva, sin computárselo en su haber.

No se entenderán comprendidos en el ajuar las alhajas, objetos artísticos, históricos y otros de extraordinario valor».

Este último precepto contempla un concepto de ajuar similar al previsto en la RAE del que puede derivar la exclusión de las joyas de dicho concepto, si bien esta cuestión planteó diversas dudas a la hora de determinar los bienes o elementos que deben incluirse en el ajuar doméstico a efectos fiscales. En este punto resulta especialmente interesante la **sentencia del Tribunal Supremo n.º 217/2022, de 22 de febrero, ECLI:ES:TS:2022:651,** que refleja la doctrina jurisprudencial existente sobre esta materia señalando:

«Es indudable, por tanto, que la expresión ajuar doméstico remite a una serie de bienes indispensables para el funcionamiento de la vida personal y familiar, de ámbito objetivo que ofrece perfiles algo imprecisos pero que, en todo caso, se refiere a categorías concretas de bienes, excluyendo los demás».

4.11. Herencias y donaciones

En cuanto a los bienes heredados o donados a uno de los cónyuges la regla general será atribuirles carácter privativo en base al artículo 1346 del CC:

- Heredados o recibidos por donación **antes del matrimonio** o, en su caso, **del inicio de la sociedad de gananciales**, serán privativos del cónyuge al que pertenecieren (art. 1346.1.º del CC).

- Heredados o recibidos por donación **después del inicio de la sociedad** tendrán el mismo carácter privativo conforme al número 2.º del citado artículo 1346 del CC.

Dicho esto **¿qué sucede cuando se trata de bienes donados o dejados en testamento a los dos cónyuges constante la sociedad?** En este caso entrará en juego el artículo 1353 del CC del que se infiere el carácter ganancial de los bienes siempre que concurran las siguientes circunstancias:

- Se trate de bienes donados o dejados en testamento a los cónyuges.

- No se haga especial designación de partes.

- La sociedad de gananciales esté vigente.

- La liberalidad se acepte por ambos cónyuges.

- El donante o testador no hubiera dispuesto lo contrario.

La atribución del carácter ganancial en base al citado precepto constituye una **excepción a la norma general del artículo 1346 del CC, en tanto de no existir aquella regla, los bienes serían privativos por mitad.**

En relación con los referidos requisitos puede traerse a colación la sentencia del Tribunal Supremo n.º 322/2022, de 25 de abril, ECLI:ES:TS:2022:1622, que señala:

> «(...) cumplimiento de una serie de requisitos:
> (i) En primer lugar, los bienes han de ser donados o dejados en testamento. Es decir, debe tratarse de una atribución patrimonial a título gratuito, ya sea inter vivos (donación) o mortis causa (testamento).
> (ii) El segundo requisito es que la disposición a título gratuito se efectúe "a los cónyuges conjuntamente", y no, por lo tanto, en beneficio exclusivo de uno de ellos, en cuyo caso el bien sería privativo de éste por aplicación del régimen normativo ordinario del art. 1346.2.º CC.
> (iii) Es preciso, igualmente, que tal atribución se haga "sin especial designación de partes".
> (iv) Otro requisito de ineludible concurrencia es que la atribución patrimonial se realice "constante la sociedad"; es decir, vigente el régimen económico de gananciales, que empezará "en el momento de la celebración del matrimonio o, posteriormente, al tiempo de pactarse en capitulaciones", conforme resulta de lo establecido en el art. 1345 del CC.
> Las donaciones en función del futuro matrimonio de los cónyuges (propter nupcias) están sometidas, por el contrario, al régimen jurídico es-

pecífico de los arts. 1336 y siguientes del Código Civil, en cuyo caso "los bienes donados conjuntamente a los esposos pertenecerán a ambos en pro indiviso ordinario y por partes iguales, salvo que el donante haya dispuesto otra cosa", según resulta del art. 1339 CC.

(v) Se exige, por último, que la **liberalidad sea aceptada por ambos cónyuges.**

En la sentencia 483/2007, de 9 de mayo, señalamos que la aplicación del art. 1353 CC exige: "a) que la liberalidad haya sido aceptada por ambos cónyuges; b) que el donante no haya establecido lo contrario, y c) que se trata de una presunción que admite prueba en contrario"».

La referida sentencia alude a un supuesto en que el padre de uno de los cónyuges ingresa en una cuenta conjunta una cantidad de dinero posteriormente invertida en la adquisición de una vivienda ganancial, las dudas se plantean a la hora de determinar el carácter del importe donado y el posible derecho de reembolso que pudiera reconocerse, en su caso, al cónyuge que es hijo del donante.

Pues bien, a la vista de los citados requisitos aplicables en los bienes donados a los cónyuges y resultando acreditado que la transferencia se hizo en cuenta conjunta, pero a nombre exclusivamente del hijo del donante, faltaría el requisito de que se haga conjuntamente a ambos cónyuges y no podrá atribuírsele carácter ganancial. Tendrá por tanto dicha cantidad carácter privativo, de manera que, invertida en la compra de un bien ganancial se reconoce el derecho de reembolso por el valor privativo satisfecho al cónyuge en cuestión.

Así concluye el Alto Tribunal con cita a su **STS n.º 483/2007, de 9 de mayo, ECLI:ES:TS:2007:3244,** que señala lo siguiente:

> «La inversión de la cantidad donada por los padres en la adquisición de un bien ganancial no la transforma, per se, en ganancial, sino que genera una deuda de la sociedad si se ha invertido a favor de ésta, como resulta de lo dispuesto en los artículos 1358 y 1364 del Código civil, por lo que debe rechazarse este segundo motivo, ya que no se puede aplicar la presunción del artículo 1353 del Código civil ni la del 1361, que de todos modos, no se ha citado como infringido».

CUESTIÓN

Antes de contraer matrimonio «A» recibe una herencia por importe de 100.000 euros. Posteriormente se casa en régimen de sociedad de gananciales con «B» y deciden comprar un inmueble por importe de 200.000 euros, aportando aquella cantidad como entrada y aplazando el resto a costa del caudal común. ¿Cuál será la naturaleza del inmueble?

El inmueble será ganancial, correspondiéndole a «A», en el momento de la liquidación, un derecho de reembolso respecto de aquella cantidad privativa que aportó para la adquisición.

Ante el caso de que un cónyuge reciba en herencia un local comercial y casado en régimen de sociedad de gananciales decida alquilarlo, **¿el local será privativo o ganancial?** Al tratarse de una herencia cabe hablar de un bien privativo como así se deduce de lo expuesto anteriormente. Pero **¿cuál será la naturaleza del importe recibido por el alquiler?** Frente al carácter privativo del local ya señalado, la renta por el alquiler será ganancial como así se infiere del artículo 1347.2.° del CC, en tanto los frutos, rentas o intereses que produzcan los bienes privativos tendrán carácter ganancial.

CUESTIÓN

En el caso de un piso donado por sus padres a uno de los cónyuges antes del matrimonio y con una hipoteca que ha de continuar atendiendo aquel, si después contraen matrimonio en sociedad de gananciales y se continúa atendiendo las cuotas con dinero ganancial, ¿podrá atribuírsele carácter ganancial por acuerdo de los cónyuges en el momento de la liquidación de la sociedad en base al artículo 1355 del CC?

No, el piso seguirá teniendo carácter privativo, con independencia del reintegro al que tenga derecho el otro cónyuge por las aportaciones efectuadas para el pago de las cuotas de la hipoteca.

Esto es así en tanto no es posible aplicar la regla del artículo 1355 del CC toda vez que la adquisición es gratuita y previa al matrimonio, y no «a título oneroso durante el matrimonio» como exige aquel precepto.

Para dar respuesta a esta cuestión es interesante la **sentencia del Tribunal Supremo n.° 157/2002, de 26 de febrero, ECLI:ES:TS:2002:1354.**

4.12. Derechos de propiedad intelectual: derechos de autor

El artículo 1 del Real Decreto Legislativo 1/1996, de 12 de abril (en adelante LPI), por el que se aprueba el texto refundido de la Ley de Propiedad Intelectual, regularizando, aclarando y armonizando las disposiciones legales vigentes sobre la materia, establece que «La propiedad intelectual de una obra literaria, artística o científica corresponde al autor por el solo hecho de su creación».

Añade además el **artículo 2 de la LPI** que «la propiedad intelectual está integrada por derechos de carácter personal y patrimonial, que atribuyen al autor la plena disposición y el derecho exclusivo a la explotación de la obra, sin más limitaciones que las establecidas en la Ley».

A los efectos anteriores **¿quién tiene la consideración de autor?** Será la persona natural que crea alguna obra literaria, artística o científica (art. 5 de la LPI).

Pues bien, a la hora de determinar el carácter ganancial o privativo de los derechos de autor hay que tener en cuenta la postura mantenida por las distintas audiencias provinciales, las cuales establecen los siguientes aspectos a tener en cuenta (a título de ejemplo, la **SAP de Pontevedra n.° 309/2019, de 28 de mayo, ECLI:ES:APPO:2019:1276, y la SAP de Soria n.° 54/2020, de 22 de abril, ECLI:ES:APSO:2020:81**):

- La propiedad intelectual de una obra corresponde al autor por el solo hecho de su creación (art. 1 de la LPI).

- La condición de autor corresponde al creador de la obra (art. 5.1 de la LPI).
- La condición anterior no puede transmitirse *inter vivos* ni *mortis causa*.
- La propiedad intelectual está integrada por derechos de carácter personal y patrimonial que atribuyen la plena disposición y el derecho exclusivo a la explotación al autor (art. 2 de la LPI). Es indudable que los llamados derechos morales del autor son irrenunciables e incluso los derechos de explotación correspondientes al autor no son embargables, pero sí sus frutos o productos (art. 53.2 de la LPI).
- Los derechos de autor corresponden a su artífice y tienen una naturaleza o índole personalísima.

Entonces, **¿cuál será la condición de los derechos de autor?** Para dar respuesta a esta cuestión hay que traer a colación los aspectos anteriores y el propio artículo 1346.5.° del CC, de suerte que los derechos de autor tendrán la consideración de derechos patrimoniales inherentes a la persona y no transmisibles inter vivos. Son, por tanto, **bienes privativos**.

Cuestión diferente será la **naturaleza de los rendimientos económicos de esos derechos**, los cuales en virtud del artículo 1347.2.° del CC tendrán la consideración de gananciales en tanto se trata de frutos, rentas o intereses que producen un bien privativo. En este sentido, señala la **sentencia de la AP de Madrid n.° 633/2018, de 18 de julio, ECLI:ES:APM:2018:11965**:

> «Es conclusión evidente que los frutos obtenidos por el autor de su obra, constante la Sociedad de Gananciales, pertenecen al patrimonio común de los cónyuges.
>
> En este sentido, las obras creadas por el artista son en su exclusiva pertenencia, pero su valor económico constituyen un bien ganancial. Es, por ello, que tratándose en el presente caso de obras creadas durante la vigencia de la sociedad de gananciales, como lo acredita la tenencia por parte de la recurrente de las fotografías, prueba no desvirtuada ni contradicha de contrario, el valor económico de las mismas pertenece a la sociedad de gananciales y, por lo tanto, habrá de estar a lo que se acredite a falta de acuerdo entre las partes, mediante los oportunos peritajes, en la segunda fase de la liquidación».

CUESTIÓN

¿Podrán incluirse en el activo ganancial los rendimientos de un derecho de autor más allá de la disolución de la sociedad de gananciales?

Será la patrimonialidad del derecho de autor de que se trate, la nota característica que permite considerarlo como privativo y atribuirle a sus rendimientos carácter ganancial, siendo inadmisible, sin embargo, que se computen los referidos rendimientos más allá de la disolución del régimen económico matrimonial dado que proceden de un bien inherente a la persona (SAP de Pontevedra n.° 309/2019, de 28 de mayo, ECLI:ES:APPO:2019:1276).

4.13. Cuentas bancarias y tarjetas de crédito

En este caso la controversia surge cuando uno de los cónyuges ingresa dinero de naturaleza privativa en una cuenta de naturaleza ganancial o en una cuenta *pro indiviso* de ambos cónyuges sin establecer nada al respecto.

Si bien, el Tribunal Supremo se ha pronunciado en numerosas ocasiones dejando claro que, **el mero hecho de apertura de una cuenta corriente bancaria, en forma indistinta, a nombre de dos o más personas, lo único que significa** *prima facie* es que cualquiera de los titulares tendrá frente a la entidad bancaria depositaria, facultades dispositivas de saldo que arroje la cuenta, pero no determina por sí solo la existencia de condominio que vendrá determinado únicamente por las relaciones internas y, más concretamente, por la propiedad originaria de los fondos o numerario de que se nutre dicha cuenta.

En consecuencia, **el dinero depositado en una cuenta bancaria es de exclusiva pertenencia del cónyuge que lo deposita**, por ejemplo, si lo recibió de una herencia de un familiar, ya que la **creación de la cuenta no supone acto de donación alguno del dinero aportado a la misma por uno de los cónyuges**.

CUESTIÓN

«A» y «B» están casados bajo el régimen de separación de bienes desde el 25 de julio de 2015. El 30 de marzo de 2016 «A» recibe 16.000 euros de una herencia de un tío suyo. «A» ingresa los 16.000 euros en una cuenta conjunta que tiene con su cónyuge «B». A efectos del IRPF ambos declaran el 50 por ciento de dicha cuenta, si bien, «B» no hizo ninguna operación individualmente.

El 4 de octubre de 2019 «A» y «B» se divorcian y este último solicita la mitad del dinero que hay en la cuenta indistinta se declare de su propiedad.

¿Es propietario «B» de la mitad del dinero de la referida cuenta ya que lo ha estado declarando en el IRPF?

No, el Tribunal Supremo es claro al respecto y ha declarado que las declaraciones de IRPF no justifican de ninguna manera la propiedad del dinero (STS n.º 83/2013, de 15 de febrero, ECLI:ES:TS:2013:505).

En caso de estar casados bajo el **régimen de gananciales** surgirá un derecho de reembolso a favor de un cónyuge por el importe del dinero privativo que ha ingresado en una cuenta conjunta y de este modo se haya confundido con el dinero ganancial.

Por ejemplo, un cónyuge casado bajo el régimen matrimonial de gananciales ingresa en una cuenta conjunta, en la que son titulares ambos esposos, todo el dinero que recibido de la herencia de uno de sus padres. Dicho dinero se utiliza íntegramente para financiar parte de la vivienda familiar.

En un caso similar al anterior, tanto el juzgado de primera instancia como la audiencia **resuelven que no procede el rembolso al cónyuge que aporto** el dinero privativo, porque se produjo una confusión del dinero privativo con el dinero ganancial al aportarlo a una cuenta de titularidad conjunta y emplearse sin realizar reserva de reembolso en la construcción de una vivienda en una parcela que tenía la naturaleza de ganancial, pues ambos, en este caso, fueron promotores de la obra nueva y le atribuyeron el carácter de ganancial, además, el préstamo concertado para financiar parte de la vivienda fue solicitado por los dos.

El Tribunal Supremo, en sentido contrario, entiende que, sí existe un derecho de reembolso del dinero invertido en la adquisición y financiación de un bien ganancial, por la aplicación del artículo 1358 del CC, pese a no haberse reserva alguna en el momento de la adquisición. Esta doctrina del Alto Tribunal establece que **el reembolso que prevé el artículo 1358 del CC** para equilibrar los desplazamientos entre las masas patrimoniales **procede siempre que no se excluya expresamente.**

En conclusión, la atribución de carácter ganancial al bien no convierte en ganancial el dinero empleado para su adquisición, y debe reembolsarse el valor satisfecho a costa del caudal propio mediante el reintegro de su importe actualizado al tiempo de la liquidación si no se ha hecho efectivo con anterioridad.

La anterior doctrina se contempla entre otras en las **STS n.º 371/2021, de 31 de mayo, ECLI:ES:TS:2021:2194, STS n.º 591/2020, de 11 de noviembre, ECLI:ES:TS:2020:3635, y STS n.º 415/2019, de 11 de julio, ECLI:ES:TS:2019:2341.**

¿Las deudas derivadas del uso de tarjetas bancarias se calificarán como privativas o gananciales?

En este caso cabe atender en primer lugar a lo dispuesto en el artículo 1367 del CC:

> «Los bienes gananciales responderán en todo caso de las obligaciones contraídas por los dos cónyuges conjuntamente o por uno de ellos con el consentimiento expreso del otro».

Pongamos como ejemplo, que uno de los cónyuges tiene varías tarjetas de crédito que son únicamente titularidad de uno de los cónyuges sin la intervención del otro.

Para saber si las deudas de las tarjetas tienen que ser incluidas en el pasivo de la sociedad habrá que atender a dos premisas:

- La naturaleza ganancial de una deuda solo puede reconocerse cuando **ambos cónyuges actúan conjuntamente o con el consentimiento expreso del otro** (art. 1367 del CC).

- En el caso de actuación unilateral, **cuando dicha deuda sea contraída para atender gastos y cargas de la familia** (art. 1362 del CC).

La **Audiencia Provincial de A Coruña, en su sentencia n.º 52/2011, de 10 de febrero, ECLI:ES:APC:2011:237,** entiende que los saldos deudores de tarjetas a nombre de uno solo de los cónyuges no se pueden incluir en el pasivo de la liquidación de la sociedad de gananciales, ya que, en ese caso, **no quedó probado que su aplicación fuera para atender a necesidades familiares, ni el movimiento de las cuentas de las que resultasen los supuestos sados deudores.**

A sensu contrario, se pronuncia la **Audiencia Provincial de Valencia en su sentencia n.º 175/2013, de 11 de marzo, ECLI:ES:APV:2013:1214,** con el tenor literal siguiente:

> «(...) **es evidente que se trata de una deuda de la sociedad de gananciales** y que, por tanto, debe incluirse en el pasivo de la sociedad **habida cuenta provenir de deudas contraídas con anterioridad a la disolución** por uno de los cónyuges con el consentimiento tácito del otro, conocedor de dicha tarjeta, como lo prueba que la actora, en su inventario es **plenamente conocedora de todas las numerosas cuentas que el matrimonio poseía,** al interesar la misma se incluya bajo el nº 6 la cuenta del Banco de Valencia nº NUM001, que es, precisamente, la cuenta asociada a dicha tarjeta, con lo que mal puede negar su conocimiento ni su falta de consentimiento».

Otro ejemplo, lo encontramos en la **sentencia del Tribunal Supremo n.º 10/2016, de 1 de febrero, ECLI:ES:TS:2016:318,** que reza como sigue:

> «La sociedad de gananciales no tiene personalidad jurídica, por lo que en sentido estricto no puede contraer deudas. Son los cónyuges los que aparecen como deudores. Ahora bien, si la deuda se ha contraído para satisfacer atenciones de la sociedad, habrán de utilizarse los bienes de ésta para su pago, y en caso de que sea el patrimonio de los cónyuges quien lo haga, tendrá un crédito contra el patrimonio ganancial. En este sentido puede hablarse de deudas "a cargo" de la sociedad de gananciales, en cuanto deben ser soportadas por su patrimonio. Pero no existe una estricta coincidencia entre el carácter de la deuda (ganancial o privativa) y el patrimonio que ha de responder, pues el Código Civil con un criterio generoso y favorecedor del tráfico hace responsables a los bienes privativos de deudas gananciales, sin perjuicio de los reintegros pertinentes, y viceversa. Por ello, a los efectos que ahora interesa, en las operaciones de liquidación de la sociedad de gananciales en el concurso de acreedores de uno de los esposos, habrán de computarse todas las deudas a cargo de la sociedad de gananciales.
> Teniendo en cuenta lo anterior, el art. 1362 CC considera que son **gastos o deudas que deben correr a cargo de la sociedad de gananciales** los generados por el levantamiento de las cargas de la familia, la administración de bienes comunes y privativos, así como el ejercicio de la profesión y oficio de cada cónyuge.
> Y, por otra parte, existen supuestos en que, con independencia de si la obligación ha de imputarse posteriormente en el pasivo de la sociedad o del patrimonio privativo de uno de los cónyuges, los bienes gananciales pueden ser "agredidos" por responder solidariamente, de modo que podrán ser embargados en una ejecución singular o ahora quedar afectados al concurso de uno de los cónyuges. Entre estos supuestos se encuentra

el mencionado en el art. 1367 CC, de las deudas contraídas por los dos cónyuges conjuntamente o por uno de ellos con el consentimiento expreso del otro. En estos casos, además de responder los bienes privativos de quien contrajo la deuda, pues como deudor está sujeto a la responsabilidad patrimonial prevista por el art. 1911 CC, el art. 1367 CC dispone que "los bienes gananciales responderán en todo caso"».

Y, para concluir, es muy interesante traer a colación lo dispuesto por la **sentencia de la Audiencia Provincial de Huelva n.º 281/2002, de 9 de julio, ECLI:ES:APH:2002:705:**

«Cierto es que no existe respecto de las cargas y obligaciones de la sociedad de gananciales la regla presuntiva de ganancialidad que respecto de los bienes existentes en el matrimonio establece el art. 1361 del C.C. Pese a ello, el Tribunal no comparte la decisión de la Juez de instancia, pues efectuados los pagos por medio de las tarjetas de crédito vigente la sociedad de gananciales, y no probado que se efectuaron para atender gastos o deudas de naturaleza privativa de cada uno de los cónyuges, debe entenderse que se hicieron para subvenir gastos propios de la sociedad, y es que la Jurisprudencia (STS de 5 de diciembre de 1985) viene otorgando una gran amplitud a la expresión "gastos de sostenimiento de la familia". Los deberes conyugales de vivir juntos, ayudarse y actuar en interés de la familia y el deber de velar por los hijos y de prestarles asistencia de todo orden determinan que entre las cargas del matrimonio se sitúen gastos de la casa que no son propiamente "alimentarios" y cuya concreción depende de los usos y circunstancias: gastos de ocio y recreo u otros determinados por las relaciones sociales, regalos de uso, dinero de bolsillo, pago de servicios domésticos, y cualesquiera atenciones de previsión acomodadas a los usos y a las circunstancias de la familia tales como seguros relativos a la vivienda y ajuar familiares, seguros médicos, escolar, etc. Pues bien, **siendo de tal amplitud el concepto que analizamos y habida cuenta que la experiencia demuestra que en la práctica generalidad de los casos los gastos que suelen abonarse mediante el uso de tarjetas de crédito responden a las características de los que acabamos de mencionar, la ausencia de prueba de lo contrario nos conduce a aceptar la pretensión del apelante de que se incluya esta específica partida dentro de las que integran el pasivo de la sociedad de gananciales**».

ANEXO.
FORMULARIOS

Cuaderno particional de liquidación de sociedad de gananciales

CUADERNO PARTICIONAL DE BIENES PARA LIQUIDACIÓN DE SOCIEDAD DE GANANCIALES

En [LUGAR], a [FECHA].

REUNIDOS

De una parte, **don/doña** [NOMBRE], mayor de edad, con [DNI] y domicilio en [DIRECCIÓN].

Y de otra, **don/doña** [NOMBRE], mayor de edad, con [DNI] y domicilio en [DIRECCIÓN].

INTERVIENEN

Ambos intervienen en su propio nombre y derecho y se reconocen recíprocamente la capacidad legal necesaria para la formalización del **CUADERNO PARTICIONAL** correspondiente a la sociedad de gananciales y, a tal efecto,

EXPONEN

I.- Los comparecientes están divorciados desde el [FECHA], fecha en la que fue dictada por el Juzgado de [ESPECIFICAR] n.º [NÚMERO] de [LUGAR].

II.- La sociedad de gananciales existente entre ellos quedó disuelta mediante la referida sentencia si bien su liquidación se pospuso a un momento posterior.

III.- Llegados a este punto es deseo de los intervinientes proceder a liquidar la referida sociedad de gananciales a cuyo efecto formalizan el presente CUADERNO PARTICIONAL que se rige por las siguientes

CLÁUSULAS

PRIMERA.- LIQUIDACIÓN DE LA SOCIEDAD DE GANANCIALES

Disuelto el régimen económico matrimonial de gananciales, proceden ambos esposos a la liquidación de la comunidad en la siguiente forma:

Los comparecientes declaran que el caudal de la comunidad conyugal está constituido exclusivamente por los bienes comprendidos en el siguiente

INVENTARIO

A) PARTIDAS QUE CONFORMAN EL ACTIVO DE LA SOCIEDAD (1)

Asciende el activo a un total de [CANTIDAD] euros.

B) PARTIDAS QUE CONFORMAN EL PASIVO DE LA SOCIEDAD (2)

Asciende el pasivo a un total de [CANTIDAD] euros.

LIQUIDACIÓN (3)

El haber neto asciende a la suma de [NÚMERO] euros.

Tras la división de esta cantidad en dos partes queda fijada una CUOTA DE LIQUI-DACIÓN para cada cónyuge de [CANTIDAD] euros.

SEGUNDA.- ADJUDICACIONES (4)

Practicada la anterior liquidación, los cónyuges comparecientes, para pago de sus respectivos derechos en la sociedad de gananciales, realizan para cada uno de ellos las siguientes adjudicaciones:

a) Don/Doña [NOMBRE] debe percibir por su mitad en la sociedad de gananciales la cantidad de [NÚMERO] euros y para su pago se le adjudican en pleno dominio los siguientes bienes inventariados:

- [ESPECIFICAR]

b) Don/Doña [NOMBRE] debe percibir por su mitad en la sociedad de gananciales la cantidad de [NÚMERO] euros y para su pago se le adjudican en pleno dominio los siguientes bienes inventariados.

- [ESPECIFICAR]

Las adjudicaciones se realizarán conforme a las reglas establecidas en el Código Civil.

TERCERA.- MISCELÁNEA

Don/Doña [NOMBRE] y don/doña [NOMBRE] se reconocen saldados y satisfechos con lo recibido, no existiendo cantidad alguna pendiente de reclamar por ningún concepto.

Los gastos que se originen con motivo de la liquidación de la sociedad y la adjudicación de bienes correrán a cargo de ambos por partes iguales.

Ambos intervinientes se comprometen y obligan a realizar cuantas gestiones sean necesarias para que la titularidad de los bienes que corresponden al otro sea transferida a la mayor brevedad.

En prueba de ello, firman el presente cuaderno particional por duplicado, en el lugar y fecha indicados.

Fdo.: Don/Doña [NOMBRE] | Fdo.: Don/Doña [NOMBRE]

---

(1) El artículo 1397 del Código Civil establece:

«Habrán de comprenderse en el activo:

1.º Los bienes gananciales existentes en el momento de la disolución.

2.º El importe actualizado del valor que tenían los bienes al ser enajenados por negocio ilegal o fraudulento si no hubieran sido recuperados.

3.º El importe actualizado de las cantidades pagadas por la sociedad que fueran de cargo sólo de un cónyuge y en general las que constituyen créditos de la sociedad contra éste».

(2) El artículo 1398 del Código Civil establece:

«El pasivo de la sociedad estará integrado por las siguientes partidas:

1.ª Las deudas pendientes a cargo de la sociedad.

2.ª El importe actualizado del valor de los bienes privativos cuando su restitución deba hacerse en metálico por haber sido gastados en interés de la sociedad.

Igual regla se aplicará a los deterioros producidos en dichos bienes por su uso en beneficio de la sociedad.

3.ª *El importe actualizado de las cantidades que, habiendo sido pagadas por uno solo de los cónyuges, fueran de cargo de la sociedad y, en general, las que constituyan créditos de los cónyuges contra la sociedad».*

(3) En relación con la liquidación son relevantes los siguientes artículos:

Artículo 1399 del Código Civil

«Terminado el inventario se pagarán en primer lugar las deudas de la sociedad, comenzando por las alimenticias que, en cualquier caso, tendrán preferencia.

Respecto de las demás, si el caudal inventariado no alcanzase para ello, se observará lo dispuesto para la concurrencia y prelación de créditos».

Artículo 1400 del Código Civil

«Cuando no hubiera metálico suficiente para el pago de las deudas podrán ofrecerse con tal fin adjudicaciones de bienes gananciales, pero si cualquier partícipe o acreedor lo pide se procederá a enajenarlos y pagar con su importe».

Artículo 1403 del Código Civil

«Pagadas las deudas y cargas de la sociedad se abonarán las indemnizaciones y reintegros debidos a cada cónyuge hasta donde alcance el caudal inventariado, haciendo las compensaciones que correspondan cuando el cónyuge sea deudor de la sociedad».

Artículo 1404 del Código Civil

«Hechas las deducciones en el caudal inventariado que prefijan los artículos anteriores, el remanente constituirá el haber de la sociedad de gananciales, que se dividirá por mitad entre los cónyuges o sus respectivos herederos».

(4) En relación con la adjudicación interesa traer a colación los siguientes dos artículos del Código Civil:

Artículo 1406 del Código Civil

«Cada cónyuge tendrá derecho a que se incluyan con preferencia en su haber, hasta donde éste alcance:

1.º Los bienes de uso personal no incluidos en el número 7 del artículo 1.346.

2.º La explotación económica que gestione efectivamente.

3.º El local donde hubiese venido ejerciendo su profesión.

4.º En caso de muerte del otro cónyuge, la vivienda donde tuviese la residencia habitual».

Artículo 1407 del Código Civil

«En los casos de los números 3 y 4 del artículo anterior podrá el cónyuge pedir, a su elección, que se le atribuyan los bienes en propiedad o que se constituya sobre ellos a su favor un derecho de uso o habitación. Si el valor de los bienes o el derecho superara al de haber del cónyuge adjudicatario, deberá éste abonar la diferencia en dinero».

Solicitud de adición a sociedad de gananciales una vez liquidada

S/ Ref.: [NÚMERO]

Procedimiento de origen: [NÚMERO]

AL JUZGADO DE PRIMERA INSTANCIA
NÚMERO [NÚMERO] DE [LOCALIDAD]

D./D.ª [NOMBRE_PROCURADOR_CLIENTE] procurador/a de los tribunales, en nombre y representación de D./D.ª [NOMBRE_CLIENTE], tal y como consta acreditado en el procedimiento de [DESCRIPCIÓN] bajo la dirección letrada de D./D.ª [NOMBRE_ABOGADO_CLIENTE] colegiado n.º [NÚMERO] por el ICA de [LOCALIDAD], ante el juzgado comparezco y, como mejor proceda en derecho, **DIGO:**

Por medio del presente escrito, formulo solicitud de **ADICIÓN Y COMPLEMENTO DE LA LIQUIDACIÓN DE SOCIEDAD DE GANANCIALES** frente a [NOMBRE_PARTE_CONTRARIA] con domicilio en [DESCRIPCIÓN] y número de NIF/CIF [NÚMERO] y, todo ello, con base en los siguientes,

HECHOS

PRIMERO.- Con fecha [FECHA] se dictó sentencia de divorcio por este juzgado en el que se procedió a la aprobación del convenio regulador presentado por las partes, declarándose la disolución y procediendo a la liquidación del régimen económico matrimonial.

Se acompaña copia de la resolución como **documento n.º** [NÚMERO].

SEGUNDO.- Como puede comprobarse, en la referida liquidación se procedió a incluir en el activo y en el pasivo [DESCRIPCIÓN], procediéndose a efectuar la adjudicación de la siguiente forma [DESCRIPCIÓN].

TERCERO.- Pues bien, con motivo de [DESCRIPCIÓN] no se incluyó en el pasivo de la sociedad [DESCRIPCIÓN], deuda que habría de soportar la propia sociedad de gananciales. En consecuencia, esta parte se ve obligada a formular la presente solicitud de adición y complemento de la liquidación de la sociedad de gananciales, que habría de quedar como sigue:

- [DESCRIPCIÓN]

A los anteriores hechos son de aplicación los siguientes

FUNDAMENTOS DE DERECHO

PRIMERO.- JURISDICCIÓN Y COMPETENCIA

La tramitación del presente procedimiento corresponde a la jurisdicción civil, con arreglo a lo establecido en los artículos 9, 21 y concordantes de la LOPJ, y artículos 36 y concordantes de la LEC.

Es competente el juzgado al que me dirijo conforme a lo establecido en el artículo 807 de la LEC **(1)**, que establece:

«Será competente para conocer del procedimiento de liquidación el Juzgado de Primera Instancia o Juzgado de Violencia sobre la Mujer que esté conociendo, o haya conocido o hubiera tenido la competencia para conocer del proceso de nulidad, separación o divorcio, o aquel ante el que se sigan o se hayan seguido las actuaciones sobre disolución del régimen económico matrimonial por alguna de las causas previstas en la legislación civil».

SEGUNDO.- CAPACIDAD

Las partes ostentan la capacidad procesal necesaria conforme lo establecido en los artículos 6, 7, 7 bis de la LEC. **(2)**

TERCERO.- LEGITIMACIÓN

El artículo 10 de la LEC legitima a demandante y demandado, como sujetos titulares del procedimiento raíz de la liquidación cuya adición/complemento se insta.

CUARTO.- POSTULACIÓN Y DEFENSA

La demanda se presenta por medio de procurador legalmente habilitado para actuar ante los tribunales de este partido, y bajo la dirección de letrado en ejercicio, conforme a lo dispuesto en **los artículos 23, apartado 1 y 31, apartado 1 de la LEC.**

QUINTO.- PROCEDIMIENTO

Corresponde la sustanciación del presente procedimiento por los cauces de lo establecido en los **artículos 806 y siguientes de la LEC.**

SEXTO.- FONDO DEL ASUNTO

Se ejercita la acción de adición o complemento con fundamento en el artículo 1079 del Código Civil, en relación con el artículo 1410 del mismo texto legal.

El Tribunal Supremo, en la STS n.º 350/2015, de 16 de junio, ECLI:ES:TS:2015:2968, establece que:

«Es, en definitiva, doctrina actual de esta Sala que a efectos de partición, a que se remite la liquidación de gananciales, la omisión de bienes, siempre que sean de importancia no esencial, se puede adicionar al amparo del artículo 1079 y la diferencia de valoración se puede corregir: si es superior al cuarto, por medio del artículo 1074 del Código civil. Siempre en interés del principio del favor partitionis reiterando lo declarado jurisprudencialmente».

Por su parte, la **STS n.º 15/2012, de 20 de enero, ECLI:ES:TS:2012:277, dispone:**

«En caso de que en la partición, cualquier clase de ella, se hubieran omitido bienes hereditarios, se procede a una partición adicional, que se contempla en el artículo 1079 del Código civil y ha sido objeto de numerosa jurisprudencia (así, sentencias de 22 de octubre de 2002, 11 de diciembre de 2002, 13 de marzo de 2003, 18 de julio de 2005, 12 de junio de 2008) y que presupone que los bienes omitidos no sean de importancia, ya que, de serlo, se produciría la nulidad de la partición y práctica de una nueva (lo que destacan las sentencias 11 de diciembre de 2002 y 19 de octubre de 2009). Es una aplicación del principio del favor partitionis (así, sentencias de 13 de marzo de 2003 y 12 de diciembre de 2005) (...)».

Por último, interesa traer a colación **la sentencia dictada por la Audiencia Provincial de Ourense n.º 101/2015, de 19 de marzo, ECLI:ES:APOU:2015:186**, que establece:

> «(...) tanto en el caso de omisión voluntaria como involuntaria de bienes o valores en la liquidación de la sociedad de gananciales, la solución procedente es su complemento o adición. Así la STS de 23 de diciembre de 1998, indica expresamente el hecho de que en el Convenio se haya omitido todo el pasivo no le quita eficacia y se mantiene subsistente, pues lo que procede es que se complete y adicione con lo olvidado (Sentencia de 20-11-1993), conforme autoriza el artículo 1079 del Código Civil, al que remite expresamente el 1410 (favor partitionis), que es lo que aquí ha sucedido por todo lo cual el motivo resulta improcedente.
>
> "Las operaciones divisorias gananciales no están sometidas a reglas encorsetadas y rígidas, ya que impera una amplia libertad formal, reconocida por la doctrina juirisprudencial, que opera con plena eficacia cuando se actúa dentro del cauce de la legalidad, como es el caso que nos ocupa. Como ya se dijo antes en la omisión voluntaria o involuntaria de bienes o valores, la solución que procede es su complemento y adición, como correctamente lo han entendido las dos sentencias de la instancia, y con mayor razón, cuando las deudas omitidas no se ha acreditado en este caso que hubieran causado perjuicio alguno para los acreedores (Sentencia de 20-11-1993), tratándose de deudas de cargo por igual del marido y de la mujer"».

SÉPTIMO.- COSTAS

Deberán ser impuestas a la adversa para el caso de oponerse, en virtud del artículo 394 de la LEC.

OCTAVO.- *IURA NOVIT CURIA*

En todo lo no invocado resulta de aplicación el principio *iura novit curia*, plasmado en el párrafo segundo del punto primero del artículo 218 de la Ley de Enjuiciamiento Civil, en virtud del cual serán aplicables las demás normas que sean de pertinente, especial o general aplicación, y que el juzgador podrá tener en cuenta de oficio sin necesidad de que hayan sido previamente alegadas o invocadas por alguna de las partes intervinientes.

Por todo lo expuesto,

SUPLICO AL JUZGADO:

Que, teniendo por presentado este escrito junto con los documentos que se acompañan y sus copias, se sirva admitirlos, y, tras los trámites oportunos, dicte resolución por la que acuerde adicionar al inventario de bienes gananciales dentro de la partida correspondiente al pasivo del patrimonio ganancial los siguientes [DESCRIPCIÓN], concretándose la adjudicación definitiva de la siguiente manera [DESCRIPCIÓN].

Con imposición expresa de costas a la contraparte.

Es justicia que pido en [LOCALIDAD] a [FECHA].

Ldo. [NOMBRE_LETRADO_CLIENTE]

Proc. [NOMBRE_PROCURADOR_CLIENTE]

PRIMER OTROSÍ DIGO: siendo intención de esta parte cumplir con todos los requisitos legales, a tenor de lo previsto en el artículo 231 de la Ley de Enjuiciamiento Civil, se solicita se dé traslado de cualquier defecto de que adolezca el presente, para su inmediata subsanación. En consecuencia,

SUPLICO AL JUZGADO:

Que tenga por efectuada la anterior manifestación a los efectos oportunos.

Por ser de justicia, fecha y lugar ut supra.

Ldo. [NOMBRE_LETRADO_CLIENTE]

Proc. [NOMBRE_PROCURADOR_CLIENTE]

---

(1) El art. 807 de la LEC ha sido modificado por la Ley Orgánica 2/2022, de 21 de marzo, con entrada en vigor el 23/03/2022.

(2) El artículo 7 de la LEC ha sufrido modificaciones por la Ley 8/2021, de 2 de junio, por la que se reforma la legislación civil y procesal para el apoyo a las personas con discapacidad en el ejercicio de su capacidad jurídica (con fecha de entrada en vigor de 03/09/2021). Así, tras esta modificación, reconoce la legitimación a todas las personas para comparecer en juicio y, si se tratara de menores de edad no emancipadas deberán comparecer mediante la representación, asistencia o autorización exigidos por la ley. En el caso de las personas con medidas de apoyo para el ejercicio de su capacidad jurídica, se estará al alcance y contenido de estas. Mediante la citada ley también fue añadido el artículo 7 bis de la LEC regulando los ajustes para personas con discapacidad en materia de capacidad para ser parte, procesal y legitimación, que a su vez ha sido modificado por el RD-ley 6/2023, de 19 de diciembre, con entrada en vigor el 20/03/2024.

Demanda de disolución y liquidación de sociedad de gananciales por uno de los cónyuges por embargo trabado sobre bienes gananciales por deudas del otro

S/Ref.: [NÚMERO].

AL JUZGADO DE PRIMERA INSTANCIA N.º [NÚMERO] DE [CIUDAD]

Don/Doña [NOMBRE_PROCURADOR_CLIENTE], procurador/a de los tribunales y de **don/doña** [NOMBRE_CLIENTE], con DNI [NÚMERO] y domicilio en [DOMICILIO], representación que acredito debidamente mediante la copia de poder que acompaño como documento n.º [NÚMERO], actuando bajo la asistencia técnica de don/doña [NOMBRE_ABOGADO_CLIENTE], abogado/a del ICA de [LUGAR], colegiado/a n.º [NÚMERO], ante el juzgado comparezco y, como mejor proceda en derecho,

DIGO

Por medio del presente escrito y al amparo de lo establecido en el artículo 1373 del CC y siguientes, vengo a formular **DEMANDA DE DISOLUCIÓN y LIQUIDACIÓN DE LA SOCIEDAD DE GANANCIALES** frente a don/doña [NOMBRE_PARTE_CONTRARIA], con DNI [NÚMERO] y domicilio en [DOMICILIO], con base en los siguientes hechos y fundamentos de derecho.

HECHOS

PRIMERO.- Mi mandante y el/la demandado/a contrajeron matrimonio el [FECHA] en [LUGAR]. Así consta en la inscripción del Registro Civil de [LUGAR], tomo [NÚMERO], página [NÚMERO]. Adjunta se acompaña certificación como documento n.º [NÚMERO].

El régimen económico matrimonial es el de gananciales, de conformidad con las capitulaciones matrimoniales **(1)** otorgadas con fecha [FECHA] ante el/la notario de [LUGAR], don/doña [NOMBRE]. Se adjunta escritura pública como documento n.º [NÚMERO].

SEGUNDO.- Con fecha [FECHA] se instó demanda ejecutiva frente al cónyuge de mi mandante, don/doña [NOMBRE_PARTE_CONTRARIA], por una deuda propia privativa derivada de [ESPECIFICAR].

Como consecuencia de ella se tramitó el procedimiento de ejecución forzosa número [NÚMERO] ante el Juzgado de Primera instancia n.º [NÚMERO] de [LUGAR].

Mediante escrito de fecha [FECHA], notificado a esta parte de conformidad con lo establecido en el artículo 1373 del CC, el acreedor solicitó el embargo de los siguientes bienes gananciales:

- [ESPECIFICAR].

Se adjunta, como documento n.º [NÚMERO], copia de la demanda ejecutiva interpuesta frente a don/doña [NOMBRE_PARTE_CONTRARIA] y, como documento n.º [NÚMERO], copia del escrito en el que se solicita el embargo de los bienes gananciales indicados.

TERCERO.- Mediante escrito de alegaciones de fecha [FECHA] presentado en el procedimiento de ejecución al que se acaba de hacer referencia, esta parte solicitó la sustitución de los bienes comunes por la parte del deudor en la sociedad de ganancia-les, motivo por el cual se formula la presente demanda para la disolución del régimen económico matrimonial.

Se adjunta, como documento n.º [NÚMERO], copia del referido escrito de alegaciones presentado por esta parte.

A los anteriores hechos le resultan de aplicación los siguientes

FUNDAMENTOS DE DERECHO

PRIMERO.- JURISDICCIÓN Y COMPETENCIA

Corresponde el conocimiento del asunto que nos ocupa a la jurisdicción civil según lo establecido en el artículo 36 de la LEC.

De conformidad con lo dispuesto en el artículo 50 de la LEC, será competente el juzgado de primera instancia del lugar del domicilio del demandado.

Al mismo lugar nos lleva lo indicado en el artículo 807 de la LEC que establece:

> «Será competente para conocer del procedimiento de liquidación el Juz-gado de Primera Instancia o Juzgado de Violencia sobre la Mujer que esté conociendo, o haya conocido o hubiera tenido la competencia para conocer del proceso de nulidad, separación o divorcio, o aquel ante el que se sigan o se hayan seguido las actuaciones sobre disolución del régimen económico matri-monial por alguna de las causas previstas en la legislación civil».

SEGUNDO.- CAPACIDAD y LEGITIMACIÓN

Mi representado/a ostenta la capacidad necesaria de acuerdo con los artículos 6 y siguientes de la LEC, y está legitimado/a activamente conforme a lo dispuesto en los artículos 10 de la LEC y 1373 del CC.

El demandado también tiene la capacidad necesaria y está legitimado pasivamente por ser cónyuge deudor.

TERCERO.- REPRESENTACIÓN Y POSTULACIÓN

Se cumplen los requisitos de defensa y postulación conforme a lo establecido en los artículos 23 y 31 de la LEC.

CUARTO.- PROCEDIMIENTO

Se estará a lo dispuesto en los artículos 806 y siguientes de la LEC.

QUINTO.- FONDO DEL ASUNTO

Sobre la disolución a instancia de uno de los cónyuges dispone el artículo 1393 del CC in fine: «En cuanto a la disolución de la sociedad por el embargo de la parte de uno de los cónyuges por deudas propias, se estará a lo especialmente dispuesto en este Código».

Por su parte, el artículo 541.3 de la LEC establece: «Si la ejecución se siguiere a causa de deudas propias de uno de los cónyuges y se persiguiesen bienes comunes a falta o por insuficiencia de los privativos, el embargo de aquéllos habrá de notificarse al cónyuge no deudor. En tal caso, si éste optare por pedir la disolución de la sociedad conyugal, el tribunal, oídos los cónyuges, resolverá lo procedente sobre división del patrimonio y, en su caso, acordará que se lleve a cabo con arreglo a lo dispuesto en esta Ley, suspendiéndose entre tanto la ejecución en lo relativo a los bienes comunes».

En cuanto a los efectos de la disolución del régimen económico-matrimonial son aplicables los artículos 1374, 1394 y 1396 del CC.

SEXTO.- COSTAS

Deben imponerse al demandado de conformidad con lo establecido en el artículo 394 de la LEC.

Por lo expuesto,

SUPLICO AL JUZGADO:

Que, teniendo por presentado este escrito junto con los documentos que lo acompañan y sus copias, se sirva admitirlo, tenga por interpuesta demanda de disolución y liquidación de la sociedad de gananciales y, tras los trámites oportunos, dicte sentencia cuyo fallo declare la disolución del régimen económico matrimonial, con imposición de costas a la parte demandada.

Es justicia que pido en [LOCALIDAD], a [DÍA] de [MES] de [AÑO].

Letrado/a D./D.ª [NOMBRE] | Procurador/a D./D.ª [NOMBRE]

OTROSÍ DIGO PRIMERO: Interesa a esta parte, de conformidad con lo dispuesto en los artículos 1394 del CC y 808 y 809 de la LEC, se proceda a incoar la correspondiente pieza separada de formación de inventario, una vez sea admitida la presente demanda.

A tales efectos, la propuesta de inventario de esta parte es la siguiente:

ACTIVO

1. Vivienda donde habita el otro cónyuge, sita en [DOMICILIO], con una superficie total de [NÚMERO] metros, finca registral número [NÚMERO], teniendo como cuota de participación en la comunidad de propietarios un [PORCENTAJE] %.

Se acompaña a la presente, como **documento n.º** [NÚMERO], el correspondiente título de compraventa del que se desprende que el valor de compra de la vivienda asciende a [CANTIDAD] euros.

2. Automóvil: modelo [NOMBRE], valorado en [CANTIDAD] euros.

Se adjunta nota simple del Registro de Bienes Muebles, como **documento n.º** [NÚMERO].

3. Finca rústica, sita en la parcela [NOMBRE], folio registral [NÚMERO].

Su valoración es de [CANTIDAD] euros.

No existen cargas sobre la mencionada finca, tal y como se desprende de la nota simple registral que se adjunta como documento n.º [NÚMERO].

4. Saldo existente en la cuenta corriente n.º [NÚMERO] abierta en la entidad [NÚMERO_CUENTA], que asciende a [CANTIDAD] euros.

Se adjunta, como **documento n.º** [NÚMERO], certificado bancario.

5. Ajuar y enseres de la vivienda, teniendo los bienes un valor de [CANTIDAD] euros, con un pasivo de [CANTIDAD] euros.

Suma del activo: [CANTIDAD] euros.

PASIVO

1. Deuda de la sociedad de gananciales que asciende a [CANTIDAD] euros.

Se adjunta [ESPECIFICAR], como **documento n.º** [NÚMERO], a fin de acreditar documentalmente la deuda indicada.

2. Préstamo hipotecario por valor de [CANTIDAD] euros.

Se adjunta, como **documento n.º** [NÚMERO], certificado bancario que refleja el importe pendiente al día de la fecha.

Suma del pasivo: [CANTIDAD] euros.

En consecuencia,

SUPLICO AL JUZGADO:

Que tenga por efectuada la anterior manifestación a los efectos oportunos.

Letrado/a D./D.ª [NOMBRE] | Procurador/a D./D.ª [NOMBRE]

OTROSÍ DIGO SEGUNDO: Es intención de esta parte cumplir con todos los requisitos legales por lo que, a tenor de lo previsto en el artículo 231 de la LEC, se solicita el traslado de cualquier defecto de que adolezca la presente demanda, para su inmediata subsanación. En consecuencia,

SUPLICO AL JUZGADO:

Que tenga por efectuada la anterior manifestación a los efectos oportunos.

Es justicia que pido en fecha y lugar *ut supra*.

Letrado/a D./D.ª [NOMBRE] | Procurador/a D./D.ª [NOMBRE]

---

(1) En el caso de que un matrimonio no haya otorgado capitulaciones matrimoniales, en España se aplica por defecto el derecho común, es decir, la sociedad de gananciales, aunque con excepciones, puesto que en lugares como Aragón, Navarra o alguna parte de Vizcaya tienen regímenes propios, que se asemejan al de gananciales; en Cataluña e Islas Baleares se aplica directamente el de separación de bienes, y en la Comunidad Valenciana también, siempre y cuando los dos cónyuges sean valencianos.

Escrito solicitando la liquidación del régimen económico matrimonial instada por cónyuge del concursado en sociedad de gananciales u otro régimen

S/Ref.: [NÚMERO].

Procedimiento [NÚMERO].

AL JUZGADO DE LO MERCANTIL NÚMERO [NÚMERO] DE [LOCALIDAD]

Don/Doña [NOMBRE_PROCURADOR_CLIENTE], Procurador/a de los Tribunales y de **don/doña** [NOMBRE], tal y como se acredita mediante la escritura pública de poder cuya copia acompaño como documento n.º [NÚMERO] para su unión a los autos mediante testimonio con devolución del original, bajo la asistencia letrada de **don/ doña** [NOMBRE_ABOGADO_CLIENTE], abogado/a del Ilustre Colegio de Abogados de [LOCALIDAD], ante el Juzgado comparezco y, como mejor proceda en Derecho,

DIGO

Por medio del presente escrito y al amparo de lo establecido en el artículo 125 del TRLC, solicito la disolución de la sociedad de gananciales formada por el/la concursado/a y mi representado/a y la formación de inventario, con base en los siguientes,

HECHOS

PRIMERO.- Mediante auto de [FECHA], cuya copia se adjunta como **documento n.º** [NÚMERO], se declaró en concurso de acreedores a don/doña [NOMBRE_CONCURSADO], cónyuge de mi mandante, tal y como se desprende de la certificación de matrimonio del Registro Civil de [LOCALIDAD], que se acompaña como **documento n.º** [NÚMERO].

SEGUNDO.- Con fecha [FECHA] mi representado/a y el/la concursado/a otorgaron capitulaciones matrimoniales por las que aplicaron a su matrimonio el régimen de [RÉGIMEN QUE SE APLIQUE AL MATRIMONIO].

Se adjunta, como **documento n.º** [NÚMERO], copia de la escritura de capitulaciones matrimoniales.

TERCERO.- Con fecha [FECHA], mi mandante tuvo conocimiento de que en el inventario de la masa activa se han incluido bienes gananciales o comunes a fin de responder de las obligaciones del concursado. Así, en el referido inventario figuran los siguientes bienes:

- [ESPECIFICAR]

CUARTO.- A la vista de lo anterior, y al amparo de lo establecido en el artículo 125 del TRLC, interesa al derecho de mi mandante que se proceda a la disolución de la sociedad o comunidad conyugal.

Además, procede solicitar la formación de inventario de acuerdo con lo establecido en el artículo 808 de la LEC por lo que, a estos efectos, adjunta se acompaña, como **documento n.º** [NÚMERO], propuesta de inventario, dando así cumplimiento a lo dispuesto en el artículo 808.2 de la LEC, y, como **documento n.º** [NÚMERO], el bloque de documentos acreditativos de las partidas que conforman dicha propuesta, cumpliendo, de nuevo, con lo establecido en citado artículo.

(1)

A los anteriores hechos resultan de aplicación los siguientes

FUNDAMENTOS DE DERECHO

PRIMERO.- JURISDICCIÓN Y COMPETENCIA

Es competente el juez del concurso de acuerdo con lo que establece el artículo 125 del TRLC al que ya nos hemos referido.

Además, conviene traer a colación aquí el artículo 86 ter.3.2.º de la LOPJ. (3)

SEGUNDO.- CAPACIDAD Y LEGITIMACIÓN

La legitimación activa corresponde a mi representado/a, en virtud de lo establecido en el artículo 125 del TRLC, debido a su condición, debidamente acreditada, de cónyuge del concursado.

TERCERO.- POSTULACIÓN Y DEFENSA

Mi mandante actúa, en este proceso, debidamente representado por procurador y asistido de letrado.

CUARTO.- PROCEDIMIENTO

El procedimiento a aplicar, dado que estamos ante un caso de liquidación del régimen económico matrimonial, será el dispuesto en los artículos 806 a 811 de la LEC, teniendo en cuenta lo indicado por el artículo 125 del TRLC cuando establece en su apartado segundo: «Presentada la solicitud de disolución, el juez acordará la liquidación de la sociedad o comunidad conyugal, el pago a los acreedores y la división del remanente entre los cónyuges. Estas operaciones se llevarán a cabo de forma coordinada, sea con el convenio, sea con la liquidación de la masa activa».

QUINTO.- FONDO DEL ASUNTO

El artículo 125 del TRLC recoge el derecho a solicitar la disolución de la sociedad conyugal «(...) cuando se hubieran incluido en el inventario de la masa activa bienes gananciales o comunes que deban responder de las obligaciones del concursado».

En el artículo 1365 del CC se dispone que:

> «Los bienes gananciales responderán directamente frente al acreedor de las deudas contraídas por un cónyuge:
> 1.º En el ejercicio de la potestad doméstica o de la gestión o disposición de gananciales, que por ley o por capítulos le corresponda.
> 2.º En el ejercicio de la profesión, arte u oficio o en la administración ordinaria de los propios bienes».

Dado que, en el presente caso, las deudas contraídas por el cónyuge de mi representado proceden del ejercicio de comercio, mi representado procede a instar la disolución de la sociedad de gananciales.

Además, procede solicitar la formación de inventario de acuerdo con lo establecido en el artículo 808 de la LEC que dispone:

> «1. Admitida la demanda de nulidad, separación o divorcio, o iniciado el proceso en que se haya demandado la disolución del régimen económico

matrimonial, cualquiera de los cónyuges o sus herederos, podrá solicitar la formación de inventario.

2. La solicitud a que se refiere el apartado anterior deberá acompañarse de una propuesta en la que, con la debida separación, se harán constar las diferentes partidas que deban incluirse en el inventario con arreglo a la legislación civil.

A la solicitud se acompañarán también los documentos que justifiquen las diferentes partidas incluidas en la propuesta».

Por todo lo expuesto,

SUPLICO AL JUZGADO:

Que, teniendo por presentado este escrito junto con los documentos que lo acompañan y copias de todo ello, se sirva admitirlo, tenga por presentada la solicitud de disolución del régimen económico matrimonial respecto del matrimonio formado por mi mandante y el/la concursado/a, así como la de formación de inventario, y, tras los trámites oportunos, acuerde la liquidación de la sociedad o comunidad conyugal, el pago a los acreedores y la división del remanente entre los cónyuges.

Por ser Justicia que se pide en [CIUDAD], a [DIA] de [MES] [AÑO].

Ldo. [NOMBRE Y FIRMA LETRADO] | Proc. [NOMBRE Y FIRMA PROCURADOR]

(2)

OTROSÍ DIGO: Es intención de esta parte cumplir con todos los requisitos legales por lo que, a tenor de lo previsto en el artículo 231 de la LEC, se solicita el traslado de cualquier defecto de que adolezca el presente escrito, para su inmediata subsanación. En consecuencia,

SUPLICO AL JUZGADO:

Que tenga por efectuada la anterior manifestación a los efectos oportunos.

Por ser de Justicia, fecha y lugar *ut supra*.

Ldo. [NOMBRE Y FIRMA LETRADO] | Proc. [NOMBRE Y FIRMA PROCURADOR]

---

(1) Llegados a este punto podría añadirse un hecho nuevo en el que se hiciese referencia a la vivienda habitual del matrimonio, si tiene carácter ganancial o común, para solicitar que se le incluya con preferencia en el haber hasta donde este alcance, indicando, si procede, que si excede, podría abonarse al contado el exceso (art. 125.3 del TRLC).

(2) Reiterar mediante otrosí, si procede, la referencia a la vivienda habitual hecha en la llamada (1) anterior.

(3) A partir del 23/01/2025 artículo 87.7 de la LOPJ, por la reforma realizada por la LO 1/2025, de 2 de enero.

Demanda de separación matrimonial acumulada a acción de división de cosa común

AL JUZGADO DE PRIMERA INSTANCIA DE [CIUDAD]

D./D.ª [NOMBRE_PROCURADOR_CLIENTE] procurador/a de los tribunales y de D./D.ª [NOMBRE_CLIENTE], en virtud de poder [notarial/apud acta] copia del cual acompaño como documento n.º [NÚMERO], bajo la dirección letrada de D./D.ª [NOMBRE_ABOGADO_CLIENTE] colegiado número [NÚMERO] por el ICA de [LUGAR], ante el juzgado comparezco y, como mejor proceda en derecho,

DIGO

Por medio del presente escrito se presenta **DEMANDA DE SEPARACIÓN MATRIMONIAL Y ACUMULACIÓN DE DIVISIÓN DE COSA COMÚN**, contra D./D.ª [NOMBRE PARTE CONTRARIA] con DNI [NÚMERO] con domicilio [DOMICILIO_PARTE_CONTRARIA] y ello con base en los siguientes,

HECHOS

PRIMERO.- D./D.ª [NOMBRE_CLIENTE] y D./D.ª [NOMBRE_PARTE_CONTRARIA] contrajeron matrimonio [CIVIL/CANÓNICO] en [CIUDAD] el [FECHA], inscrito en el Registro Civil de [LUGAR] al libro [NÚMERO], tomo [NÚMERO], folio [NÚMERO].

Se adjunta como **documento n.º** [NÚMERO] certificado de la inscripción del matrimonio.

SEGUNDO.- El régimen económico del matrimonio es el de separación de bienes.

Se adjunta como **documento n.º** [NÚMERO] copia de la escritura notarial de capitulaciones matrimoniales.

TERCERO.- De dicho matrimonio no hubo descendencia.

CUARTO.- Queda acreditado por medio de la citada certificación de matrimonio, que han transcurrido más de tres meses desde la celebración del matrimonio, requisito para poder instar la separación matrimonial de acuerdo con el artículo 82 del Código Civil.

QUINTO.- Se aporta como **documento n.º** [NÚMERO] nota simple, expedida por el Registro de la Propiedad de [CIUDAD], acreditativa del domicilio familiar, y donde consta que dicho inmueble pertenece a D./D.ª [NOMBRE_CLIENTE].

SEXTO.- Existen como bienes en común:

- [DESCRIPCIÓN]

A los anteriores hechos, le son de aplicación los siguientes,

FUNDAMENTOS EN DERECHO

I.- JURISDICCIÓN Y COMPETENCIA

De tramitación ante la jurisdicción civil, según lo establecido en los arts. 9 y 21 de la Ley Orgánica del Poder Judicial (LOPJ).

Siendo competente el juzgado al que me dirijo, de conformidad con lo dispuesto en el **artículo 769 de la LEC**.

II. PROCEDIMIENTO

El procedimiento de separación se sustanciará conforme a lo preceptuado en el **art. 770 de la LEC**.

Por su parte, en lo relativo a la petición de acción de división de cosa común, resulta de aplicación el **artículo 437.4.4.ª** del mismo cuerpo legal, por el cual:

> «En los procedimientos de separación, divorcio o nulidad y en los que tengan por objeto obtener la eficacia civil de las resoluciones o decisiones eclesiásticas, cualquiera de los cónyuges podrá ejercer simultáneamente la acción de división de la cosa común respecto de los bienes que tengan en comunidad ordinaria indivisa. Si hubiere diversos bienes en régimen de comunidad ordinaria indivisa y uno de los cónyuges lo solicitare, el tribunal puede considerarlos en conjunto a los efectos de formar lotes o adjudicarlos».

III.- CAPACIDAD Y LEGITIMACIÓN

Las partes ostentan capacidad procesal suficiente de conformidad con lo dispuesto en el **art. 6 de la LEC**.

Estando ambos legitimados en tanto en cuanto contrayentes del matrimonio cuya separación se solicita.

IV.- POSTULACIÓN

Esta parte comparece representada por Procurador y asistida por Letrado, conforme a lo establecido en el **art. 750 de la LEC**

V.- FONDO DEL ASUNTO

De la separación

El artículo 81.2 del CC establece que:

> «Se decretará judicialmente la separación cuando existan hijos menores no emancipados o hijos mayores respecto de los que se hayan establecido judicialmente medidas de apoyo atribuidas a sus progenitores, cualquiera que sea la forma de celebración del matrimonio: (...) 2.º A petición de uno solo de los cónyuges, una vez transcurridos tres meses desde la celebración del matrimonio. No será preciso el transcurso de este plazo para la interposición de la demanda cuando se acredite la existencia de un riesgo para la vida, la integridad física, la libertad, la integridad moral o libertad e indemnidad sexual del cónyuge demandante o de los hijos de ambos o de cualquiera de los miembros del matrimonio». **(1)**

De la división de condominio

El **artículo 437.4.4.ª de la LEC** determina que:

> «En los procedimientos de separación, divorcio o nulidad y en los que tengan por objeto obtener la eficacia civil de las resoluciones o decisiones eclesiásticas, cualquiera de los cónyuges podrá ejercer simultáneamente la acción de división de la cosa común respecto de los bienes que tengan en comunidad ordinaria indivisa. Si hubiere diversos bienes en régimen de comunidad ordinaria indivisa y uno de los cónyuges lo solicitare, el tribunal puede considerarlos en conjunto a los efectos de formar lotes o adjudicarlos».

Del uso y disfrute de la vivienda

De aplicación lo dispuesto en **el artículo 96 del CC**, debiendo reseñar la jurisprudencia de nuestro Tribunal Supremo al respecto de la inexistencia de hijos, o los mismos ser mayores de edad, cuando el domicilio es de titularidad exclusiva de uno de los cónyuges. A este respecto la STS n.º 372/2015, de fecha 17, ECLI:ES:TS:2015:2587:

> «Esta Sala debe declarar que el art. 96.3 del C. Civil permite, en ausencia de hijos que dependan de los padres, la atribución de la vivienda al cónyuge no titular cuando su interés fuese el más necesitado de protección, precepto interpretado entre otras en sentencia de 12 de febrero de 2014, rec. 383 de 2012».

Es por lo expuesto, y a tenor de que es mi mandante la parte que más necesidad tiene de protección, es por lo que se interesa que se le otorgue el uso y disfrute del domicilio por un tiempo de [AÑOS] o con anterioridad, para el caso de la situación económica de la misma se vea mejorada.

De la pensión compensatoria

En relación a la intencionalidad de esta parte de atribución del domicilio, se encuentra la solicitud de la pensión compensatoria.

Ello partiendo de lo dispuesto en el **artículo 97 del CC**, y en atención a la jurisprudencia emanada de nuestro más Alto Tribunal, basta con la lectura de la **STS n.º 104/2014, de 20 de febrero, ECLI:ES:TS:2014:851**, que efectúa un análisis al respecto de la propia pensión compensatoria, tanto en cuanto su atribución como su temporalidad.

Así, nos encontramos con que nos indica que:

> «El artículo 97 CC, según redacción introducida por la Ley 30/1981, de 7 de julio, regula el derecho a la pensión compensatoria como una prestación singular, con características propias, notoriamente alejada de la prestación alimenticia —en cuanto que, a diferencia de esta, no atiende al concepto de necesidad, razón por la que ambas resultan compatibles (SSTS de 2 de diciembre de 1987 y 17 de julio de 2009 [RC n.º 1369/2004])—, pero también de la puramente indemnizatoria o compensatoria —entre otras razones, porque el artículo 97 CC no contempla la culpabilidad del esposo deudor como una de las incidencias determinantes de su fijación (STS de 17 de julio de 2009) y porque no se compadece con su carácter indemnizatorio que sea posible su modificación a consecuencia de una alteración sustancial y posterior en la fortuna de uno y otro cónyuge y, por supuesto, su extinción—, que responde a un presupuesto básico consistente en la constatación de un efectivo desequilibrio económico, producido en uno de los cónyuges con motivo de la separación o el divorcio (no en la nulidad matrimonial), siendo su finalidad restablecer el equilibrio y no ser una garantía vitalicia de sostenimiento, perpetuar el nivel de vida que venían disfrutando o lograr equiparar económicamente los patrimonios, porque no significa paridad o igualdad absoluta entre estos.
> -Según aclara la citada jurisprudencia, tal desequilibrio implica un empeoramiento económico en relación con la situación existente constante matrimonio; que debe resultar de la confrontación entre las condiciones económicas de cada uno, antes y después de la ruptura. De esto se sigue que, a diferencia de la pensión alimenticia, en la compensatoria no hay que probar la existencia de necesidad, toda vez que, como se ha dicho, el cónyuge más desfavorecido en la ruptura de la relación puede ser acreedor de la pensión

aunque tenga medios suficientes para mantenerse por sí mismo. Lo que sí ha de probarse es que se ha sufrido un empeoramiento en su situación económica en relación a la que disfrutaba en el matrimonio y respecto a la posición que disfruta el otro cónyuge».

En el caso que nos ocupa, parece más que evidente que se observan las pautas interesadas tanto normativa como jurisprudencialmente, toda vez que mis mandantes [ESPECIFICAR_MOTIVOS_POR_LOS_QUE_ENTENDEMOS_ADECUADA_LA_PENSIÓN_COMPENSATORIA]

Por tanto, la pensión compensatoria ha de establecerse con carácter indefinido (existiendo posibilidad de modificar la misma, aspecto al que se compromete mi mandante en cuanto la situación económica laboral mejore) tal y como nos indica el Tribunal Supremo, por ejemplo, en la **STS n.º 538/2017, de 02 de octubre, ECLI:ES:TS:2017:3379**, rezando la misma que:

> «La fijación temporal de la pensión ha de partir de la convicción del tribunal de que, dentro del plazo fijado, se ha de poder restaurar el equilibrio por los propios medios del cónyuge beneficiario. Cuando no existe tal convicción — como ocurre en el caso— lo oportuno es el establecimiento de la pensión con carácter indefinido, lo que no implica un derecho a cesar en la búsqueda de tal restauración del equilibrio mediante ingresos propios y la imposibilidad de solicitar una modificación de medidas cuando tal búsqueda no se produce, con la finalidad —que no puede encontrar amparo en derecho— de mantener el percibo de la pensión por parte de quien se beneficia de ella (...)».

VII.- COSTAS

En aplicación del art. 394.1 de la LEC, deberán imponerse las costas al demandado.

VIII.- *IURA NOVIT CURIA*

En todo lo no invocado resulta de aplicación el principio *iura novit curia*, plasmado en el párrafo segundo del punto primero del artículo 218 de la Ley de Enjuiciamiento Civil, en virtud del cual serán aplicables las demás normas que sean de pertinente, especial o general aplicación, y que el juzgador podrá tener en cuenta de oficio sin necesidad de que hayan sido previamente alegados o invocados por alguna de las partes intervinientes.

Por todo ello,

SUPLICO AL JUZGADO:

Tenga por presentado este escrito junto con sus documentos y copias, teniéndome como parte en la representación que ostento y entendiéndose conmigo las sucesivas diligencias, y proceda a admitir la presente **DEMANDA DE SEPARACIÓN MATRIMONIAL CON ACUMULACIÓN DE ACCIÓN DE DIVISIÓN DE COSA COMÚN** contra D./D.ª [NOMBRE_PARTE_CONTRARIA] y previos los trámites oportunos se dicte sentencia de separación de mi mandante D./D.ª [NOMBRE_CLIENTE] y D./D.ª [NOMBRE_PARTE_CONTRARIA], con establecimiento de las siguientes medidas:

1. Uso de la vivienda familiar, sea atribuido a D./D.ª [NOMBRE_CLIENTE].

2. Pensión compensatoria, se establezca una pensión consistente en el pago de [CANTIDAD_EN_LETRA] euros ([CANTIDAD] €), en principio con carácter indefinido a favor de mi mandante, por parte de D./D.ª [NOMBRE_PARTE_CONTRARIA], pagadera durante los diez primeros días de cada mes en la cuenta núm. [NÚMERO] de la entidad [NOMBRE], que se deberá actualizar anualmente conforme al índice [ÍNDICE].

3. Respecto a la división de los bienes comunes: [DESCRIPCIÓN].

Por ser de justicia que pido en [DÍA] de [MES] de [AÑO].

Letrado D./D.ª [NOMBRE] | Procurador D./D.ª [NOMBRE]

[NÚMERO_COLEGIADO_ABOGADO_CLIENTE] [NÚMERO_COLEGIADO_PROCU-RADOR_CLIENTE]

---

(1) El artículo 81 del CC ha sido modificado por la Ley 8/2021, de 2 de junio, con entrada en vigor el 03/09/2021.

Solicitud de formación de inventario del régimen económico matrimonial

AL JUZGADO DE PRIMERA INSTANCIA DE [CIUDAD]

Don/doña [NOMBRE_PROCURADOR_CLIENTE], procurador/a de los Tribunales, en nombre y representación de don/doña [NOMBRE_CLIENTE], como así consta en los autos de [DESCRIPCIÓN] n.º [AUTOS_NÚMERO], ante el juzgado comparezco y como mejor proceda en derecho,

DIGO

Por medio del presente escrito y en base a lo dispuesto en el artículo 808 de la LEC, solicito la **FORMACIÓN DE INVENTARIO DE BIENES DEL RÉGIMEN MATRIMONIAL** existente entre don/doña [NOMBRE_CLIENTE] y don/doña [NOMBRE], en base a los siguientes,

HECHOS

PRIMERO.- Con [FECHA], en el citado auto fue admitida la demanda de [DESCRIPCIÓN] entre don/doña [NOMBRE_CLIENTE] y don/doña [NOMBRE].

SEGUNDO.- No se ha podido llevar a cabo la liquidación del régimen económico matrimonial de común acuerdo entre las partes.

TERCERO.- Por interés de mi mandante, solicitamos la formación de inventario de los bienes integrantes del régimen matrimonial.

Indicando a tal efecto, los que entendemos forman parte del activo y del pasivo de la sociedad.

ACTIVO

- [ESPECIFICAR]

1. La vivienda [DESCRIPCIÓN]: [VALOR].

2. Automóvil: marca [NOMBRE], modelo [NOMBRE], matrícula [NÚMERO] adquirido en fecha [FECHA]: [VALOR].

3. Finca rústica, [DESCRIPCIÓN]: [VALOR].

4. Saldo en cuenta corriente [DESCRIPCIÓN] de la entidad [NÚMERO_CUENTA]: [VALOR].

5. Ajuar y enseres de la vivienda: [VALOR].

6. Derecho de crédito de la sociedad de gananciales frente al cónyuge don/doña [NOMBRE] por el abono, con dinero ganancial, del 100 % de las cuotas devengadas durante el matrimonio del préstamo hipotecario constituido, el [FECHA], por el cónyuge don/doña [NOMBRE] a favor de la entidad bancaria [ESPECIFICAR], importe de las cuotas que asciende a la suma de [CANTIDAD] euros más el IPC mensual de cada una de las cuotas devengadas.

TOTAL: [VALOR]

Adjuntamos los siguientes documentos:

- [DESCRIPCIÓN]

PASIVO

1. Deudas que pesan sobre la vivienda (Punto 1 del activo) a fecha de la presente: [VALOR].

2. Crédito [DESCRIPCIÓN]: [VALOR].

3. [DESCRIPCIÓN]: [VALOR].

TOTAL: [VALOR]

Adjuntamos los siguientes documentos:

[DESCRIPCIÓN]

A estos hechos, le son de aplicación los siguientes,

FUNDAMENTOS DE DERECHO

I.- JURISDICCIÓN Y COMPETENCIA

Resulta competente, de conformidad con el artículo 807 de la LEC, el juzgado de primera de instancia que está conociendo del proceso de [DESCRIPCIÓN] entre don/doña [NOMBRE_CLIENTE] y don/doña [NOMBRE].

II.- CAPACIDAD Y LEGITIMACIÓN

Ambas partes poseen capacidad suficiente de conformidad con lo dispuesto en los artículos 6 y siguientes de la LEC.

Y se encuentran legitimados al ser los partícipes de la relación matrimonial disuelta, de conformidad con lo dispuesto en el artículo 10 y concordantes de la LEC, así como el propio artículo 808 de la LEC.

III.- PROCEDIMIENTO

Por aplicación del artículo 809 de la LEC, solicitamos que se proceda a señalar día y hora para que, en el plazo máximo de diez días, se proceda a la formación de inventario, mandando citar al otro cónyuge.

En el día y hora señalados, procederá el letrado de la Administración de Justicia con los cónyuges a formar el inventario de la comunidad matrimonial, sujetándose a lo dispuesto en la legislación civil para el régimen económico matrimonial de que se trate.

IV.- FONDO DEL ASUNTO

Artículo 808 de la LEC:

«1. Admitida la demanda de nulidad, separación o divorcio, o iniciado el proceso en que se haya demandado la disolución del régimen económico matrimonial, cualquiera de los cónyuges o sus herederos, podrá solicitar la formación de inventario.

2. La solicitud a que se refiere el apartado anterior deberá acompañarse de una propuesta en la que, con la debida separación, se harán constar las diferentes partidas que deban incluirse en el inventario con arreglo a la legislación civil.

A la solicitud se acompañarán también los documentos que justifiquen las diferentes partidas incluidas en la propuesta».

Artículo 1396 del CC:

«Disuelta la sociedad se procederá a su liquidación, que comenzará por un inventario del activo y pasivo de la sociedad».

Artículo 1397 del CC:

«Habrán de comprenderse en el activo:

1.º Los bienes gananciales existentes en el momento de la disolución.

2.º El importe actualizado del valor que tenían los bienes al ser enajenados por negocio ilegal o fraudulento si no hubieran sido recuperados.

3.º El importe actualizado de las cantidades pagadas por la sociedad que fueran de cargo sólo de un cónyuge y en general las que constituyen créditos de la sociedad contra este».

Artículo 1398 del CC:

«El pasivo de la sociedad estará integrado por las siguientes partidas:

1.ª Las deudas pendientes a cargo de la sociedad.

2.ª El importe actualizado del valor de los bienes privativos cuando su restitución deba hacerse en metálico por haber sido gastados en interés de la sociedad.

Igual regla se aplicará a los deterioros producidos en dichos bienes por su uso en beneficio de la sociedad.

3.ª El importe actualizado de las cantidades que, habiendo sido pagadas por uno solo de los cónyuges, fueran de cargo de la sociedad y, en general, las que constituyan créditos de los cónyuges contra la sociedad».

Con respecto al derecho de reembolso, cabe mencionar la **sentencia del Tribunal Supremo n.º 57/2022, de 31 de enero, ECLI:ES:TS:2022:335**:

«Esta sala se ha pronunciado de manera reiterada en diversas sentencias sobre la cuestión que se plantea en el recurso acerca de la procedencia del derecho de reembolso del dinero invertido en la adquisición de un bien ganancial aunque no se hubiera hecho reserva alguna en el momento de la adquisición (sentencia del pleno 295/2019, de 27 mayo, seguida entre otras por las sentencias 415/2019, de 11 de julio, 138/2020, de 2 de marzo, y 591/2020, de 11 de noviembre).

Esta doctrina es aplicable al caso por lo que se refiere al importe de los 162.860 euros destinados a la adquisición de bienes gananciales, sin que sean atendibles las objeciones de la recurrida acerca de que la jurisprudencia es posterior al momento en que se adquirieron los bienes y que ella desconocía las consecuencias del reembolso. El que con anterioridad a la sentencia del pleno 295/2019, de 27 mayo, existiera jurisprudencia contradictoria de las Audiencias Provinciales y la recurrida considere que el criterio seguido por la sentencia recurrida y contrario al de esta sala está mejor fundado no puede impedir que prevalezca la aplicación al caso de los preceptos legales, que no exigen que se haga reserva del derecho de reembolso previsto en el art. 1358 CC para equilibrar los desplazamientos entre las masas patrimoniales. La atribución del carácter ganancial al bien no convierte en ganancial al dinero empleado para su adquisición y debe reembolsarse el valor satisfecho a costa del caudal propio mediante el reintegro de su importe actualizado al tiempo de la liquidación si no se ha hecho efectivo con anterioridad (arts. 1358 y 1398.3.ª CC)».

V.- COSTAS

En aplicación del artículo 394.1 de la LEC, deberán imponerse las costas al demandado.

VI.- *IURA NOVIT CURIA*

En todo lo no invocado resulta de aplicación el principio *iura novit curia*, plasmado en el párrafo segundo del punto primero del artículo 218 de la LEC, en virtud del cual serán aplicables las demás normas que sean de pertinente, especial o general aplicación, y que el juzgador podrá tener en cuenta de oficio sin necesidad de que hayan sido previamente alegados o invocados por alguna de las partes intervinientes.

Por lo expuesto,

SUPLICO AL JUZGADO:

Que tenga por presentado este escrito junto con sus documentos y copias, los una a los autos citados, y los admita junto con la proposición de inventario, y se proceda a señalar día y hora para la **FORMACIÓN DEL INVENTARIO** de los bienes del régimen económico matrimonial existente entre don/doña [NOMBRE_CLIENTE] y Don/Doña [NOMBRE], citando a las partes, con advertencia a la otra parte, de que si no comparece en el día señalado sin mediar causa justificada se le tendrá por conforme con la indicada propuesta.

Por ser de justicia en [LUGAR] a [FECHA].

Ldo/a.   Proc.

[NOMBRE_LETRADO_CLIENTE]   [NOMBRE_PROCURADOR_CLIENTE]

PRIMER OTROSÍ DIGO: Siendo intención de esta parte cumplir con todos los requisitos legales, a tenor de lo previsto en el artículo 231 de la Ley de Enjuiciamiento Civil, se solicita se le diere traslado de cualquier defecto que adoleciere la presente, para la inmediata subsanación de la misma.

SUPLICO AL JUZGADO:

Que tenga por efectuada la anterior manifestación a los efectos oportunos.

Por ser de justicia en fecha y lugar *ut supra*.

Ldo/a.   Proc.

[NOMBRE_LETRADO_CLIENTE]   [NOMBRE_PROCURADOR_CLIENTE]

Solicitud de liquidación del régimen económico de gananciales con mención al nombramiento de contador

Procedimiento: [ESPECIFICAR]

Número: [NÚMERO/AÑO]

Pieza separada: liquidación del régimen económico matrimonial

Número: [NÚMERO/AÑO]

AL JUZGADO DE PRIMERA INSTANCIA NÚM. [NÚMERO] DE [LUGAR]

Don/doña [NOMBRE_PROCURADOR_CLIENTE], procurador de los tribunales, en nombre y representación de **don/doña** [NOMBRE_CLIENTE], tal y como consta en los autos del procedimiento [ESPECIFICAR], bajo la dirección letrada de **don/doña** [NOMBRE_ABOGADO_CLIENTE], colegiado número [NÚMERO] por el ICA de [LUGAR], ante este juzgado comparezco y, como mejor proceda en derecho,

DIGO

Mediante el presente escrito y en virtud de lo dispuesto en los artículos 810 y concordantes de la LEC vengo a formular **SOLICITUD DE LIQUIDACIÓN DEL RÉGIMEN ECONÓMICO MATRIMONIAL DE SOCIEDAD DE GANANCIALES**.

Y ello con base en los siguientes,

HECHOS

PRIMERO.- Antecedentes

Con fecha [FECHA] mi mandante interpuso demanda de [NULIDAD/SEPARACIÓN/DIVORCIO]. Una vez admitida a trámite, se solicitó la formación de inventario, conforme a lo dispuesto en el artículo 808.1 y 2 de la LEC.

Tanto el procedimiento principal como el de formación de inventario han finalizado mediante resolución firme.

Adjunta se acompaña, a estos efectos, copia de las citadas resoluciones como **documentos n.º** [NÚMERO] y [NÚMERO].

SEGUNDO.- Propuesta de liquidación

El artículo 810 de la LEC establece que:

> «1. Concluido el inventario y, en su caso, una vez firme la resolución que declare disuelto el régimen económico matrimonial, cualquiera de los cónyuges o, de haber fallecido, sus herederos podrán solicitar la liquidación de este».

Por consiguiente, por medio del presente escrito vengo a solicitar la liquidación del régimen económico matrimonial a cuyo efecto a continuación formulamos una propuesta de liquidación que incluye el pago de las indemnizaciones y reintegros debidos a cada cónyuge y la división del remanente en la proporción que corresponde, teniendo en cuenta, en la formación de los lotes, las preferencias que establecen las normas civiles aplicables. **(1)**

ACTIVO (2). Los bienes y derechos que constituyen el activo de la sociedad son los siguientes:

1.º- La vivienda que ha sido el domicilio conyugal del matrimonio, adquirida para la sociedad mediante escritura pública, otorgada el día [DÍA] de [MES] de [AÑO]. Esta vivienda figura inscrita en el Registro de la Propiedad número [NÚMERO] de esta capital, al libro [NÚMERO], tomo [NÚMERO] folio [NÚMERO].

Su valor asciende a [CANTIDAD] €.

2.º- Una cuenta de ahorros a plazo fijo, depositada en el Banco [NOMBRE] bajo el número [NÚMERO].

El saldo, en la actualidad, a fecha [DÍA] de [MES] de [AÑO] es de [CANTIDAD] €.

3.º- Dos mil acciones de la sociedad [NOMBRE], con números de serie correlativos del [NÚMERO] al [NÚMERO] por un valor nominal cada una de ellas de [CANTIDAD] €.

Su valor de cotización global al tiempo de la disolución de la sociedad es de: [CANTIDAD] €.

4.º- Una cuenta corriente domiciliada en la sucursal [NUMERO] del Banco [NOMBRE] registrada bajo el número [NÚMERO].

El saldo, en la actualidad, a fecha [DÍA] de [MES] de [AÑO] es de [CANTIDAD] €.

No existen en el activo créditos de la sociedad de gananciales contra ninguno de los dos cónyuges.

Total activo: [CANTIDAD] euros.

PASIVO (2). El pasivo de la sociedad está constituido por las siguientes partidas:

1.º- Una hipoteca constituida sobre la vivienda del apartado 1.º del activo, como garantía de un préstamo del cual que está pendiente la cantidad de [CANTIDAD] €.

2.º- Un préstamo personal concedido por la entidad bancaria [NOMBRE], documentada en la póliza número [NUMERO], del que está pendiente la cantidad de [CANTIDAD] €.

No existen en el pasivo créditos de ninguno de los dos cónyuges contra la sociedad.

Total pasivo: [CANTIDAD] euros.

En cuanto a la división de los bienes, la propuesta de esta parte es la siguiente: **(3)**

1.º- Atribuir a cada cónyuge, en pleno dominio, una mitad indivisa de la vivienda a la que se refiere la partida 1.ª del activo, por su valor de [CANTIDAD] €, con el descuento correspondiente a la mitad del crédito hipotecario que resta por abonar.

2.º- Atribuir a cada cónyuge mil acciones de la sociedad [NOMBRE] don/doña [NOMBRE] las acciones con números de serie correlativos del [NÚMERO] al [NÚMERO], por un valor nominal cada una de ellas de [CANTIDAD] €; y don/doña [NOMBRE] las acciones con números de serie correlativos del [NÚMERO] al [NÚMERO], por igual valor nominal.

3.º- Atribuir a cada cónyuge la mitad de la cuenta corriente domiciliada en la sucursal [NOMBRE] del Banco [NOMBRE] registrada bajo el número [NÚMERO] cuyo saldo actual es de [CANTIDAD] €. De la mitad que corresponde a don/doña [NOMBRE] se deduce la de [CANTIDAD] €, por la mitad más los intereses correspondientes, del préstamo personal que consta en el n.º 2 del pasivo, que será satisfecho por don/doña [NOMBRE].

TERCERO.- Solicitud designación, en su caso, de contador y peritos

Sentado cuanto antecede, y de conformidad con lo establecido en el artículo 810 de la LEC, por medio del presente solicitamos que sea admitida a trámite la solicitud de liquidación y que por parte del letrado de la Administración de Justicia se señale día y hora para que los cónyuges **(4)** comparezcan al objeto de alcanzar un acuerdo.

Asimismo, desde este momento solicitamos que, en defecto de acuerdo en relación con las operaciones divisorias, sea designado contador y, en su caso, peritos, para la práctica de las operaciones divisorias que corresponden, conforme a lo establecido en el artículo 784 de la LEC, continuando la tramitación con arreglo a lo dispuesto en los artículos 785 y siguientes.

A los anteriores hechos son de aplicación los siguientes

FUNDAMENTOS DE DERECHO

I.- JURISDICCIÓN Y COMPETENCIA

Es competente la jurisdicción civil, con arreglo a lo dispuesto en los artículos 9 y 21 de la LOPJ.

Según el artículo 807 de la LEC, la competencia para conocer procedimientos de liquidación corresponde:

«Será competente para conocer del procedimiento de liquidación el Juzgado de Primera Instancia o Juzgado de Violencia sobre la Mujer que esté conociendo, o haya conocido o hubiera tenido la competencia para conocer del proceso de nulidad, separación o divorcio, o aquel ante el que se sigan o se hayan seguido las actuaciones sobre disolución del régimen económico matrimonial por alguna de las causas previstas en la legislación civil».

II.- CAPACIDAD Y LEGITIMACIÓN

Mi mandante ostenta la capacidad procesal necesaria conforme a lo establecido en el artículo 6 de la LEC.

Asimismo, de conformidad con lo establecido en el artículo 810 de la LEC:

«1. Concluido el inventario y, en su caso, una vez firme la resolución que declare disuelto el régimen económico matrimonial, cualquiera de los cónyuges o, de haber fallecido, sus herederos podrán solicitar la liquidación de este»

III.- POSTULACIÓN Y DEFENSA

Esta parte comparece representada por procurador y asistida por abogado, según establece el artículo 750 de la LEC.

IV.- MINISTERIO FISCAL

No es preceptiva su actuación de acuerdo con lo establecido en el artículo 749 de la LEC. **(5)**

V.- PROCEDIMIENTO

El procedimiento es el previsto en los artículos 806 y siguientes de la LEC, que regulan la liquidación de los regímenes económico-matrimoniales. **(6)**

Para las cuestiones relativas al contador y los peritos habrá de acudirse a lo establecido en los artículos 784 y siguientes de la LEC.

VI.- FONDO DEL ASUNTO

En relación con la designación de contador interesa traer a colación la **STS n.º 458/2020 de 28 de julio, ECLI:ES:TS:2020:2502**, que describe el procedimiento a seguir:

> «En definitiva, el resultado más que probable ante la ausencia de terceros que ofrezcan una cantidad razonable acabaría siendo la adquisición de las participaciones por los propios socios y por una cantidad muy inferior a la que se han valorado, de acuerdo con lo expuesto en el apartado 2.3 de este fundamento jurídico.
>
> De ahí que, en atención a la singularidad de los bienes que deben liquidarse, la solución propuesta por el contador y aprobada por la Audiencia no es contraria a ninguno de los preceptos invocados por el recurrente.
>
> En la aplicación del criterio de la "posible igualdad" en los lotes (art. 1060 CC) no puede prescindirse de la naturaleza de los bienes y de las circunstancias concurrentes. En el caso, por lo dicho, las consecuencias de una subasta que se acordara para lograr la igualdad formal afectarían de manera muy diferente, de una parte, a quien, tras el divorcio, queda fuera de la empresa familiar y, de otra, a quien es socio administrador y desempeña en ella su trabajo personal.
>
> v) Frente a este razonamiento no son atendibles las alegaciones del recurrente de que no dispone de dinero para compensar a la Sra. Dolores por el valor de la mitad de las participaciones gananciales.
>
> El art. 1062 CC no exige que el metálico con el que deba compensar el partícipe al que se adjudica el bien deba existir en el haber partible, lo que resulta lógico dada la naturaleza fungible del dinero.
>
> Por ello, no puede esgrimirse la ausencia de liquidez actual frente a la alternativa de una subasta que, por las razones expuestas, conduciría a una prolongación de la indivisión o, en última instancia, a una adquisición de las participaciones por un valor muy inferior al fijado por el contador partidor designado judicialmente, en contra de la finalidad perseguida por los arts. 1060 y 1061 CC».

VII.- *IURA NOVIT CURIA*

En todo lo no invocado resulta de aplicación el principio *iura novit curia*, plasmado en el párrafo segundo del punto primero del artículo 218 de la LEC, en virtud del cual serán aplicables las demás normas que sean de pertinente, especial o general aplicación, y que el juzgador podrá tener en cuenta de oficio sin necesidad de que hayan sido previamente alegadas o invocadas por alguna de las partes intervinientes.

Por lo expuesto,

SUPLICO AL JUZGADO:

Que, teniendo por presentado este escrito junto con sus copias y documentos adjuntos, se sirva admitirlo, tenga por formulada **SOLICITUD DE LIQUIDACIÓN DE LA SOCIEDAD DE GANANCIALES,** y, y, tras los trámites oportunos, señale fecha y hora para la comparecencia de los cónyuges, a los efectos legales pertinentes.

Por ser de justicia, que pido en [LOCALIDAD] a [DÍA] de [MES] de [AÑO]

Ldo. [NOMBRE Y FIRMA LETRADO] | Proc. [NOMBRE Y FIRMA PROCURADOR]

PRIMER OTROSÍ DIGO: que, de no lograrse acuerdo entre los cónyuges sobre la liquidación del régimen económico matrimonial, a tenor de lo dispuesto en el artículo 810.5 de la LEC, se solicita nombramiento de contador y, en su caso, de peritos, conforme a lo establecido en el artículo 784 de la LEC, continuando la tramitación con arreglo a lo dispuesto en los artículos 785 y siguientes de la misma ley. En consecuencia,

SUPLICO AL JUZGADO:

Que tenga por hecha la anterior solicitud a los efectos oportunos.

Ldo/a. [NOMBRE Y FIRMA LETRADO] | Proc. [NOMBRE Y FIRMA PROCURADOR]

SEGUNDO OTROSÍ DIGO: que es intención de esta parte cumplir con todos los requisitos legales, por lo que, a tenor de lo previsto en el artículo 231 de la LEC, se solicita que se dé traslado de cualquier defecto de que adolezca el presente escrito, para su inmediata subsanación. En consecuencia,

SUPLICO AL JUZGADO:

Que tenga por efectuada la anterior manifestación a los efectos oportunos.

Por ser de justicia, fecha y lugar ut supra

Ldo/a. [NOMBRE Y FIRMA LETRADO] | Proc. [NOMBRE Y FIRMA PROCURADOR]

---

(1) Si bien en el presente documento se procede a reflejar la propuesta en el cuerpo del escrito, lo habitual es que la propuesta se acompañe al escrito en un documento independiente.

(2) Se parte del supuesto de que los documentos justificantes de la naturaleza de los bienes, así como de su valor, se aportaron al solicitar la formación del inventario y por lo tanto ya constan en autos.

(3) En el presente modelo se parte de un supuesto sencillo de adjudicación por mitad de los bienes que constituyen el haber de la sociedad. En los demás casos será necesario justificar legalmente las atribuciones que se propongan con base fundamentalmente en lo dispuesto en los artículos 1406 a 1408 del Código Civil.

(4) O, de haber fallecido, sus herederos.

(5) Si el proceso es de nulidad matrimonial sí intervendrá. También si alguno de los interesados en el procedimiento es menor, persona con discapacidad o está en situación de ausencia legal.

(6) Los artículos 807, 808 y 810 ha sido modificados por el art. 2.3 de la Ley Orgánica 2/2022, de 21 de marzo.

Convenio regulador de divorcio con guarda y custodia compartida y liquidación del régimen económico

PROPUESTA DE CONVENIO REGULADOR

En [LUGAR], a [FECHA].

REUNIDOS

De una parte, don/doña [NOMBRE_CLIENTE], con DNI [NÚMERO] y domicilio en esta ciudad [DOMICILIO_CLIENTE],

y de otra, don/doña [NOMBRE_CLIENTE], con DNI [NÚMERO] y domicilio en esta ciudad [DOMICILIO_CLIENTE].

INTERVIENEN

Ambas partes intervienen en su propio nombre y derecho y se reconocen recíprocamente la suficiente capacidad legal y legitimación para otorgar la presente PROPUESTA DE CONVENIO REGULADOR, de conformidad con lo establecido en el artículo 90 del Código Civil, a cuyo efecto

EXPONEN

PRIMERO.- Los comparecientes contrajeron matrimonio [CIVIL_O_CANÓNICO], en la ciudad de [CIUDAD], el día [DÍA] de [MES] de [AÑO], figurando dicho matrimonio inscrito en el Registro Civil de [LOCALIDAD], al tomo [NUMERO], folio [NUMERO].

SEGUNDO.- De dicho matrimonio han nacido dos hijos: [NOMBRE] con fecha [FECHA] y [NOMBRE] con fecha [FECHA].

TERCERO.- Debido a la situación de quiebra en la convivencia conyugal, ambos esposos acordaron suspenderla con fecha [DÍA] de [MES] de [AÑO].

CUARTO.- El régimen económico matrimonial es el de [RÉGIMEN_ECONÓMICO_MATRIMONIAL].

QUINTO.- En cumplimiento de lo establecido en el artículo 86 en relación con el artículo 81, ambos del Código Civil y en el artículo 777 de la LEC, se acompaña la presente propuesta a la demanda de **DIVORCIO DE MUTUO ACUERDO** para su aprobación por la autoridad judicial previo informe del Ministerio Fiscal en relación con los hijos.

Todo ello de acuerdo con las siguientes,

ESTIPULACIONES

PRIMERA.- DISOLUCIÓN DEL MATRIMONIO POR DIVORCIO

Ambos comparecientes interesan la disolución del vínculo matrimonial por divorcio, y se comprometen a no interferir en la vida y actividades del otro.

SEGUNDA.- PATRIA POTESTAD

La patria potestad se ejercerá conjuntamente por ambos progenitores, actuando siempre en beneficio de sus hijos y de acuerdo con su personalidad.

No obstante, serán válidos los actos realizados por cualquiera de ellos en situaciones de urgente necesidad, poniendo los hechos inmediatamente en conocimiento del otro.

TERCERA.- GUARDA Y CUSTODIA DE LOS HIJOS

La guarda y custodia de ambos hijos se atribuye de manera compartida a ambos progenitores.

Procederá la misma por períodos semanales de lunes a lunes, con entrega y recogida en el centro escolar y en su defecto en el domicilio del progenitor no custodio cuando no acudan al centro escolar y en periodos vacacionales.

Durante el período semanal que los menores permanezcan con el progenitor custodio, el progenitor no custodio podrá visitarlos [NÚMERO] veces por semana recogiéndolos del colegio o, en su defecto, del domicilio del progenitor custodio a las [HORA] y devolviéndolos a éste a las [HORA].

Asimismo, podrá comunicarse con los menores por teléfono o por internet, el progenitor que no esté con ellos siempre que lo considere oportuno y no afecte a sus horarios de descanso y/o estudio.

En cuanto a las vacaciones, se repartirán a medias entre ambos progenitores de la forma siguiente:

Navidad

Se dividirá en dos periodos:

1.- Desde la salida del colegio el día de finalización de clases escolares hasta el día 31 de diciembre a las [HORA] horas.

2.- Desde el día 31 de diciembre a las [HORA] horas hasta la entrada en clase del día de inicio del colegio.

Si no hay acuerdo entre los progenitores, corresponderá al padre el primer periodo de los años pares y el segundo de los impares.

Semana Santa

Se dividirá en dos periodos:

1.- Desde la salida del colegio el día de finalización de clases hasta el miércoles santo a las [HORA] horas.

2.- Desde el miércoles santo a las [HORA] horas hasta la entrada en clase el día de inicio del colegio.

Corresponderá a la madre, si no media otro acuerdo, el primer periodo de los años pares y el segundo periodo de los años impares.

Verano

Corresponderá a cada progenitor la mitad de las vacaciones de verano, alternando los siguientes períodos:

1.- Desde el último día lectivo hasta el 30 de junio.

2.- Del 1 al 15 de julio.

3.- Del 16 al 31 de julio.

4.- Del 1 al 15 de agosto.

5.- Del 16 al 31 de agosto.

6.- Del 1 de septiembre al primer día lectivo.

Corresponderá al padre, si no media otro acuerdo, iniciar con el primer período las vacaciones con sus hijos en los años pares/impares.

Ambos progenitores se comprometen a comunicar al otro durante los periodos vacacionales el lugar donde se encuentren con el hijo/los hijos, dirección y teléfono, pudiendo comunicarse con el/los menor/es, por teléfono o por internet, el progenitor que no esté con ellos siempre que lo considere oportuno y no afecte a los horarios de descanso.

Días especiales

1.- Día del padre, de la madre y cumpleaños de los progenitores.

Por su especial trascendencia, si esos días no le corresponden al progenitor en cuestión en cuanto a custodia, los menores los pasarán en compañía del progenitor cuya fiesta celebran desde la salida del colegio hasta las [HORAS] horas. Y, si no es lectivo, estarán en su compañía desde las [HORAS] hasta las [HORAS] debiendo ser recogidos y reintegrados en el hogar del progenitor que ostenta su custodia en ese período.

2.- Cumpleaños de los hijos.

Los pasarán con el progenitor custodio hasta las [HORAS] horas, recogiéndoles a esa hora el no custodio que permanecerá en su compañía hasta las [HORAS] horas en que deberán ser reintegrados al custodio. Si son lectivos lo pasarán de forma alternativa con cada progenitor, pudiendo el otro progenitor visitarle durante [NÚMERO] horas.

CUARTA.- GASTOS DE LOS MENORES

Cada progenitor se hará cargo de los gastos de los menores durante la convivencia con ellos que sean propios de ésta, así como del coste del traslado, en su caso, al domicilio familiar a la finalización del período de estadía ordinario.

Para hacer frente al pago del resto de gastos que los menores generan se procederá a abrir una cuenta corriente en la que cada progenitor aportará la cantidad de [CANTIDAD] euros mensuales. Dichas aportaciones se harán dentro de los cinco primeros días de cada mes. Con dicha cantidad se abonarán los gastos de los menores que no sean los propios de la convivencia, incluido el vestido y calzado, el colegio y las actividades extraescolares que los hijos cursen en la actualidad, matrícula, libros, material escolar, uniformes, cuotas colegiales y/o universitarias, así como aquellos de carácter lúdico, formativo, sanitario o farmacéutico, a excepción de los cubiertos por la Seguridad Social o compañía médica a la que pudieran pertenecer los progenitores, etc. Para el caso de que no exista saldo suficiente en la cuenta, su importe deberá ser abonado por ambos progenitores al 50 %.

QUINTA.- ATRIBUCIÓN DEL USO DE LA VIVIENDA FAMILIAR Y DEL AJUAR

Se atribuye a los menores, mientras no alcancen la mayoría de edad, junto con don/doña [NOMBRE_CLIENTE] el uso de la vivienda familiar sita en la calle [CALLE] piso n.º [NUMERO] letra [DESCRIPCIÓN], así como el uso del ajuar familiar en ella existente.

SEXTA.- COMPENSACIÓN POR DESEQUILIBRIO

Ambos cónyuges manifiestan que pueden atender a sus propias necesidades con sus respectivos ingresos, por lo que no es preciso que se fije cantidad alguna en concepto de pensión compensatoria.

SÉPTIMA.- LIQUIDACIÓN DEL RÉGIMEN ECONÓMICO MATRIMONIAL

Los comparecientes acuerdan la disolución del régimen económico matrimonial, y su liquidación conforme a las siguientes reglas:

- A) INVENTARIO

Activo:

- Bienes muebles:

1.º Acciones de la entidad [NOMBRE], sita en la calle [CALLE] de [LUGAR] a nombre de Don/Doña [NOMBRE], cuyo valor a fecha [FECHA] es de [CANTIDAD] euros.

2.º Fondo de inversión n.º [NUMERO] de la entidad [NOMBRE], sita en la calle [CALLE] de [LUGAR] a nombre de don/doña [NOMBRE], cuyo importe a fecha [FECHA] es de [CANTIDAD] euros.

3.º Cuenta corriente n.º [NUMERO] de la entidad [NOMBRE], sucursal [NOMBRE], sita en la calle [CALLE] de [LUGAR] a nombre de don/doña [NOMBRE], cuyo importe a fecha [FECHA] es de [CANTIDAD] euros.

4.º Cuenta corriente n.º [NUMERO] de la entidad [NOMBRE], sucursal [NOMBRE], sita en la calle [CALLE] de [LUGAR] a nombre de don/doña [NOMBRE], cuyo importe a fecha [FECHA] es de [CANTIDAD] euros.

- Bienes inmuebles:

5.º Vivienda que constituye el domicilio familiar, sita en la calle [CALLE], n.º [NUMERO] de [LUGAR].

Título.- Les corresponde a los comparecientes por compra, constante el matrimonio, según escritura pública otorgada ante el notario [NOMBRE_NOTARIO], el día [FECHA], con el n.º [NUMERO] de su protocolo.

Inscripción. Inscrita en el Registro de la Propiedad n.º [NUMERO] de [LOCALIDAD], libro [NUMERO], sección [NUMERO], folio [NUMERO], inscripción n.º [NUMERO].

Cargas: Se halla gravada con la hipoteca que se describe en el pasivo. Ref. Catastral: [NUMERO].

Valoración: Se valora, según tasación solicitada por ambos cónyuges, en la cantidad de [CANTIDAD] euros.

6.º Vivienda sita en la calle [CALLE], n.º [NUMERO] de [LUGAR].

Título.- Les corresponde a los comparecientes por compra, constante el matrimonio, según escritura pública otorgada ante el notario [NOMBRE_NOTARIO], el día [FECHA], con el n.º [NUMERO] de su protocolo.

Inscripción. Inscrita en el Registro de la Propiedad n.º [NUMERO] de [LOCALIDAD], libro [NUMERO], sección [NUMERO], folio [NUMERO], inscripción n.º [NUMERO].

Cargas: Se halla gravada con la hipoteca que se describe en el pasivo. Ref. Catastral: [NUMERO].

Valoración: Se valora, según tasación solicitada por ambos cónyuges, en la cantidad de [CANTIDAD] euros.

Pasivo:

1. Préstamo con garantía hipotecaria sobre la vivienda que se describe en el n.º 5 del activo, a favor de la entidad [NOMBRE] sita en la calle [CALLE] de [LOCALIDAD], cuyo importe no satisfecho a fecha [FECHA] es de [CANTIDAD] euros.

2. Préstamo personal concedido por la entidad [NOMBRE] sita en la calle [CALLE] de [LOCALIDAD], cuyo importe pendiente de pago a fecha [FECHA] es de [CANTIDAD] euros.

B) EL TOTAL DE LOS BIENES INVENTARIADOS DEDUCIDO EL PASIVO DEL ACTIVO DE LA SOCIEDAD IMPORTA LA CANTIDAD DE [CANTIDAD] **euros.**

C) LIQUIDACIÓN Y REPARTO

A don/doña [NOMBRE] se le adjudica:

a) La propiedad al 100 % de la finca descrita en el n.º 5 de los bienes del activo.

b) El importe total de los depósitos en Bolsa y del Fondo de Inversiones, descritos en los núms. 1 y 2 del activo.

c) El importe total de la cuenta corriente descrita en el n.º 3 del activo.

d) Corresponde al adjudicatario el abono total del préstamo con garantía hipotecaria descrito en el n.º 1 del pasivo.

A don/doña [NOMBRE] se le adjudica:

a) La propiedad total de la finca descrita en el n.º 6 del activo.

b) El importe total de la cuenta corriente descrita en el n.º 4 del activo.

c) Corresponde al adjudicatario el abono total del préstamo personal descrito en el n.º 2 del pasivo.

OCTAVA.- MISCELÁNEA.

Los cónyuges se obligan a firmar la documentación que sea necesaria para el fiel cumplimiento de lo pactado en este contrato, así como a efectuar las comparecencias ante oficinas públicas y privadas en las que sean requeridos para dicho fin.

Asimismo, los cónyuges manifiestan su voluntad de acudir al tribunal competente para obtener su separación o divorcio, acompañando a la separación o divorcio convencional el convenio aquí estipulado.

En prueba de conformidad con todo lo acordado, firman los comparecientes el presente documento por triplicado y en todas sus hojas, en el lugar y fecha al principio indicados, quedando un ejemplar para cada cónyuge, y otro a los efectos de su aportación al juzgado, junto con la demanda de [DESCRIPCIÓN].

Fdo.: Don/Doña
[NOMBRE_CLIENTE]

Fdo.: Don/Doña
[NOMBRE_PARTE_CONTRARIA]

Recurso de apelación contra sentencia que aprueba el inventario en divorcio contencioso

Procedimiento: [NUMERO/AÑO]

A LA AUDIENCIA PROVINCIAL DE [PROVINCIA] (3)

D./D.ª [NOMBRE_PROCURADOR_CLIENTE], procurador/a de los Tribunales, en nombre y representación de D./D.ª [NOMBRE_CLIENTE], representación que consta debidamente acreditada en autos del Procedimiento [NUMERO/AÑO], ante la Audiencia comparezco bajo la dirección letrada de D./D.ª [NOMBRE], colegiado/a n.º [NÚMERO] del Ilustre Colegio de Abogados de [LOCALIDAD], y como mejor proceda en Derecho, DIGO:

Que en fecha de [FECHA] fue notificada a esta parte la sentencia n.º [NUMERO] dictada el [FECHA] por el Juzgado de Primera Instancia n.º [NUMERO] de [LOCALIDAD]. Toda vez que la resolución contraviene los intereses de mi representado/a, mediante el presente escrito vengo a INTERPONER, en el plazo de veinte días que me ha sido conferido al efecto ex art. 458 de la LEC, RECURSO DE APELACIÓN de conformidad con las siguientes

De conformidad con el **artículo 458** de la Ley de Enjuiciamiento Civil:

«1. El recurso de apelación se interpondrá, cumpliendo en su caso con lo dispuesto en el artículo 276, ante el tribunal que sea competente para conocer del mismo, en el plazo de veinte días desde la notificación de la resolución impugnada, debiendo acompañarse copia de dicha resolución.

2. En la interposición del recurso el apelante deberá exponer las alegaciones en que se base la impugnación, además de citar la resolución apelada y los pronunciamientos que impugna.

3. Una vez interpuesto, y con carácter previo a la decisión de admisión o inadmisión a trámite del recurso, el letrado o letrada de la Administración de Justicia dictará en el plazo de tres días diligencia de ordenación requiriendo del órgano que hubiera dictado la resolución objeto de recurso la elevación de las actuaciones e indicándole la parte o partes apelantes. Sin perjuicio de lo anterior, en el mismo día en el que se reciba el escrito interponiendo recurso de apelación, se informará de esta circunstancia al órgano que hubiera dictado la resolución objeto de recurso.

Recibido el requerimiento anterior, el letrado o letrada de la Administración de Justicia del órgano que hubiera dictado la resolución objeto de recurso acordará la remisión de los autos, con emplazamiento de las partes no recurrentes al efecto de que comparezcan ante el tribunal competente para conocer del recurso en el plazo de diez días.

4. Recibidos los autos, si la resolución impugnada fuera apelable y el recurso se hubiere formulado dentro de plazo, en el plazo de tres días el letrado o letrada de la Administración de Justicia tendrá por interpuesto el recurso. En caso contrario lo pondrá en conocimiento del tribunal para que se pronuncie sobre su admisión.

Si el tribunal entendiera que se cumplen los requisitos de admisión, dictará providencia teniendo por interpuesto el recurso; en caso contrario, dictará auto acordando la inadmisión y la remisión de las actuaciones al órgano que hubiera dictado la resolución objeto de recurso.

Contra la resolución por la que se tenga por interpuesto el recurso de apelación no cabrá recurso alguno, pero la parte recurrida podrá alegar la inadmisibilidad de la apelación en el trámite de oposición al recurso a que se refiere el artículo 461 de esta ley.» (4)

ALEGACIONES

PRIMERA.- En fecha de [FECHA], al amparo del art. 809.2 *in fine*, se dictó la sentencia n.º [NUMERO], correspondiente al procedimiento n.º [NUMERO/AÑO], en la que se aprobó el inventario de bienes sobre el que practicar la liquidación del régimen económico matrimonial de [ESPECIFICAR] con motivo del divorcio de D./D.ª [NOMBRE_CLIENTE] y D./D.ª [NOMBRE_PARTE_CONTRARIA].

SEGUNDA.- Conforme a la citada sentencia, el inventario de bienes aprobado es el siguiente:

- [ESPECIFICAR]

TERCERA.- En la propuesta de mi mandante se incluía el bien correspondiente con el epígrafe [ESPECIFICAR], a saber, [ESPECIFICAR], excluido del inventario aprobado judicialmente.

(...)

Respetuosamente sostenemos que la sentencia recurrida infringe los siguientes preceptos (1):

- [ESPECIFICAR]
- [ESPECIFICAR]

Los errores a los que aludimos han dado lugar a una sentencia perjudicial para los intereses de mi mandante, dado que [ESPECIFICAR].

SEGUNDA.- MOTIVOS DE APELACIÓN (1)

I.- [EJEMPLO] **INFRACCIÓN DEL ART. 217 LEC EN RELACIÓN CON EL ART. 1347 CC. ERROR EN LA CARGA DE LA PRUEBA DEL CARÁCTER GANANCIAL DEL BIEN**

Art. 217 LEC:

«1. Cuando, al tiempo de dictar sentencia o resolución semejante, el tribunal considerase dudosos unos hechos relevantes para la decisión, desestimará las pretensiones del actor o del reconviniente, o las del demandado o reconvenido, según corresponda a unos u otros la carga de probar los hechos que permanezcan inciertos y fundamenten las pretensiones.

2. Corresponde al actor y al demandado reconviniente la carga de probar la certeza de los hechos de los que ordinariamente se desprenda, según las normas jurídicas a ellos aplicables, el efecto jurídico correspondiente a las pretensiones de la demanda y de la reconvención.

3. Incumbe al demandado y al actor reconvenido la carga de probar los hechos que, conforme a las normas que les sean aplicables, impidan, extingan o enerven la eficacia jurídica de los hechos a que se refiere el apartado anterior».

Art. 1347 CC:

«Son bienes gananciales:
1.º Los obtenidos por el trabajo o la industria de cualquiera de los cónyuges.
2.º Los frutos, rentas o intereses que produzcan tanto los bienes privativos como los gananciales.
3.º Los adquiridos a título oneroso a costa del caudal común, bien se haga la adquisición para la comunidad, bien para uno solo de los esposos.
4.º Los adquiridos por derecho de retracto de carácter ganancial, aun cuando lo fueran con fondos privativos, en cuyo caso la sociedad será deudora del cónyuge por el valor satisfecho.
5.º Las Empresas y establecimientos fundados durante la vigencia de la sociedad por uno cualquiera de los cónyuges a expensas de los bienes comunes. Si a la formación de la Empresa o establecimiento concurren capital privativo y capital común, se aplicará lo dispuesto en el artículo 1354».

Sentencia de la Audiencia Provincial de Guipúzcoa, n.º 16/2020, de 8 de enero, ECLI:ES:APSS:2020:88:

«(...) respecto de la carga de la prueba del carácter ganancial de los bienes.-Nos remitimos a lo ya expuesto en relación con el principio de la carga de la prueba, y en todo caso deberá seguirse en este caso el criterio previsto en el artículo 1347 -3 y 4 del Cc, en relación con lo dispuesto en el artículo 1361 de dicho texto legal, de tal modo que partiendo de la presunción de gananciales, corresponderá a aquel de los partícipes en la sociedad de gananciales que mantenga el carácter privativo de un bien la carga de acreditar dicho extremo».

II.- [EJEMPLO] INFRACCIÓN DEL ART. 218 LEC. INCONGRUENCIA OMISIVA DE LA SENTENCIA

La sentencia apelada no se pronunció sobre [ESPECIFICAR].

(...)

TERCERA.- MEDIOS DE PRUEBA

De conformidad con lo dispuesto en el **artículo 460 LEC** en relación con el **artículo 270** de la misma norma **(2)** interesamos la práctica de:

- INTERROGATORIO DE PARTE: [ESPECIFICAR]
- DOCUMENTAL: [ESPECIFICAR]
- TESTIFICAL: [ESPECIFICAR]
- PERICIAL: [ESPECIFICAR]

(...)

Por lo expuesto,

A LA AUDIENCIA SUPLICO:

Que, recibidos los autos, dicte resolución por la que, estimando este recurso de apelación, revoque íntegramente la sentencia de [FECHA], recaída en los autos [DESCRIPCIÓN] seguidos ante el Juzgado de Primera Instancia de [LOCALIDAD], declarando ajustadas a derecho las pretensiones de este recurso, con condena en costas a la parte contraria.

Por ser justicia que pido en [LOCALIDAD], a [DIA] de [MES] de [AÑO].

[FIRMA_ABOGADO/A] | [FIRMA_PROCURADOR/A]

PRIMER OTROSÍ DIGO: de conformidad con el apartado tercero de la disposición adicional 15.ª de la LOPJ esta parte ha consignado la cantidad de 50 euros en concepto de depósito, como se acredita mediante la copia del justificante de ingreso que aportamos como documento n.º [NÚMERO].

En su virtud,

SUPLICO:

Que tenga por efectuada la anterior manifestación a los efectos oportunos.

Es justicia que pido en el lugar y fecha ut supra.

[FIRMA_ABOGADO/A] | [FIRMA_PROCURADOR/A]

SEGUNDO OTROSÍ DIGO: siendo intención de esta parte cumplir con todos los requisitos legales, a tenor de lo previsto en el artículo 231 de la Ley de Enjuiciamiento Civil, se solicita se le diere traslado de cualquier defecto que adoleciere el presente escrito, para la inmediata subsanación de este.

Por ello,

SUPLICO:

Que tenga por efectuada la anterior manifestación a los efectos oportunos.

Es justicia que pido en el lugar y fecha ut supra.

[FIRMA_ABOGADO/A] | [FIRMA_PROCURADOR/A]

---

(1) Añadir de forma justificada cuantas infracciones concurran en el caso concreto.

(2) Artículo 460 LEC:

«1. Sólo podrán acompañarse al escrito de interposición los documentos que se encuentren en alguno de los casos previstos en el artículo 270 y que no hayan podido aportarse en la primera instancia.

2. En el escrito de interposición se podrá pedir, además, la práctica en segunda instancia de las pruebas siguientes:

1.ª Las que hubieren sido indebidamente denegadas en la primera instancia, siempre que se hubiere intentado la reposición de la resolución denegatoria o se hubiere formulado la oportuna protesta en la vista.

2.ª Las propuestas y admitidas en la primera instancia que, por cualquier causa no imputable al que las hubiere solicitado, no hubieren podido practicarse, ni siquiera como diligencias finales.

3.ª Las que se refieran a hechos de relevancia para la decisión del pleito ocurridos después del comienzo del plazo para dictar sentencia en la primera instancia o antes de dicho término siempre que, en este último caso, la parte justifique que ha tenido conocimiento de ellos con posterioridad».

Artículo 270 LEC:

«1. El tribunal después de la demanda y la contestación, o, cuando proceda, de la audiencia previa al juicio, sólo admitirá al actor o al demandado los documentos, medios e instrumentos relativos al fondo del asunto cuando se hallen en alguno de los casos siguientes:

1.º Ser de fecha posterior a la demanda o a la contestación o, en su caso, a la audiencia previa al juicio, siempre que no se hubiesen podido confeccionar ni obtener con anterioridad a dichos momentos procesales.

2.º Tratarse de documentos, medios o instrumentos anteriores a la demanda o contestación o, en su caso, a la audiencia previa al juicio, cuando la parte que los presente justifique no haber tenido antes conocimiento de su existencia.

3.° No haber sido posible obtener con anterioridad los documentos, medios o instrumentos, por causas que no sean imputables a la parte, siempre que haya hecho oportunamente la designación a que se refiere el apartado 2 del artículo 265, o en su caso, el anuncio al que se refiere el número 4.° del apartado primero del artículo 265 de la presente Ley».

(3) El **artículo 458** de la LEC se ve reformado por el RD-ley 6/2023, de 19 de diciembre, con entrada en vigor el 20/03/2024. Desde esa fecha el recurso de apelación se interpondrá ante el tribunal competente para conocerlo.

(4) Con la reforma del **artículo 458** de la LEC por el RD-ley 6/2023, de 19 de diciembre, con entrada en vigor el 20/03/2024, el plazo de 20 días para interponer el recurso de apelación se contará desde la notificación de la resolución impugnada, y no desde el día siguiente a la notificación.